和创造世界名牌的人
『 一起放飞梦想 』

◇ # 顶级裁缝皮尔·卡丹

dingji caifeng pier kadan

◇ 代安荣◆编著

吉林出版集团有限责任公司

图书在版编目（ＣＩＰ）数据

顶级裁缝皮尔·卡丹 / 代安荣编著. -- 长春 : 吉林出版集团有限责任公司，2013.10

（和创造世界名牌的人一起放飞梦想）

ISBN 978-7-5534-3412-4

Ⅰ. ①顶… Ⅱ. ①代… Ⅲ. ①卡丹，P.—生平事迹—青年读物②卡丹，P.—生平事迹—少年读物 Ⅳ.①K835.655.3-49

中国版本图书馆CIP数据核字（2013）第237872号

顶级裁缝皮尔·卡丹
DINGJI CAIFENG PI'ER·KADAN

编　　著：	代安荣
项目负责：	陈　曲
责任编辑：	金　昊
出　　版：	吉林出版集团股份有限公司
发　　行：	吉林出版集团社科图书有限公司
电　　话：	0431-81629727
印　　刷：	北京一鑫印务有限责任公司
开　　本：	710mm×960mm　1/16
字　　数：	100千字
印　　张：	12
版　　次：	2014年3月第1版
印　　次：	2019年7月第2次印刷
书　　号：	ISBN 978-7-5534-3412-4
定　　价：	23.80元

如发现印装质量问题，影响阅读，请与出版方联系调换。0431-81629727

序 言
PREFACE

梦想与生命共存　传奇与我们同在

　　当你拥有这套《和创造世界名牌的人一起放飞梦想》系列丛书并真正读懂它的时候，祝贺你，你已经向成功又迈近了一大步，并可以为自己的人生勾画一张蓝图了。

　　开卷有益，我们不是猎奇，不是对世界名人和超级品牌的奇闻轶事简单地一声惊叹，而且通过阅读，让我们的视野变得更加开阔，让我们能够更好地认识这个世界，并找到适合自己的成功之路。

　　这是一套全方位满足你阅读愿望的好书，文字鲜活，引人入胜。这里有商界巨鳄的传奇创业故事，也有他们普通如你我的日常生活，当你随着一行行文字重走他们的人生之路时，你的心一定会在波澜起伏中感到一种快意。或许他们的成功不能复制，但是他们的坚韧、执着、宽容——这些成功的要素，我们可以复制。

　　通过阅读名人的成长故事，重温名人的创业之路，我们会发现，健全的人格、自由的意志、高远的理想、敢于实践的勇气、高瞻远瞩的见地、坚毅勇敢的性格、理性处世的原则、独立思考的习惯、幽默风趣的表达方式……一个人成功的诸多要素都以具体而形象的方式展现在你的面前。

每个人都有自己的生活轨迹，然而成功之路殊途同归，这一路上你的行囊里必须要装入梦想、希望、宽容和坚韧。

请给自己一个梦想吧！梦想是成功的种子，梦想是希望的支点。从这套书中你会发现，每一个了不起的品牌里都承载了品牌创始人那激越的梦想。是梦想，让他们充满激情，斗志昂扬；是梦想，在困境中带给他们希望，让他们有了坚持下去的勇气；是梦想，激励他们不断向前进！

为梦想不懈地努力吧！从这套书中你会明白，任何人的成功都不会一帆风顺，在鲜花和掌声的背后，有太多不为人知的痛苦。那些创业中的失败、徘徊和挫折，对我们来说更具有启迪的价值。真正的勇敢者，并不是无所畏惧，而是在面对挫折的时候，能及时调整自己，正视艰难困苦，不放弃希望。所谓成功，不过是努力的另一个名字罢了。

伟大的戏剧家莎士比亚曾说："一个最困苦、最卑贱、最为命运所屈辱的人，只要还抱有希望，便无所怨惧。"

生命只有一次，让我们在阅读中汲取无穷的力量吧！《和创造世界名牌的人一起放飞梦想》系列丛书会带你走进一个传奇世界，仔细阅读并把你的梦想付诸实践，你也许会成为下一个传奇。

带上我们的梦想启程，为我们璀璨夺目的人生而奋斗！

目 录
Content

前 言 001

第一章 皮尔·卡丹品牌 001

　　第一节 小裁缝皮尔·卡丹的一生 003

　　第二节 皮尔·卡丹品牌 010

第二章 少年时期的皮尔·卡丹 015

　　第一节 辗转离乡 017

　　第二节 童年时光 020

　　第三节 拣来的布娃娃 023

　　第四节 缝制出第一条小裙子 026

　　第五节 不堪回首的学生时代 029

　　第六节 学校的舞台演出 032

第三章 小裁缝生涯 035

第一节 小裁缝 037

第二节 到巴黎去寻梦 039

第三节 卡丹的第一份工作 042

第四节 舞蹈家梦想的破灭 045

第五节 维希的头号裁缝 048

第六节 伯爵夫人的预言 050

第四章 时装设计之路 055

第一节 叩开巴黎的大门 057

第二节 在帕坎女士时装店的蜕变 060

第三节 师从夏帕瑞丽 063

第四节 顶级设计师迪奥的助手 066

第五节 人生发展的新起点 070

第五章 时装界的改革 073

第一节 "成衣大众化"之路 075

第二节 在逆境中不断发展 079

第三节 时装改革的领航人 081

第四节 授权代理销售的诞生 085

第五节 伟大的卡丹帝国 087

第六节 "穷人的经营方式" 093

第六章　社交广泛的设计师　097

　　第一节　总统夫人的专职服装师　099

　　第二节　与女歌唱家米海依的友谊　106

　　第三节　伊莎贝尔的蜕变之路　109

　　第四节　时装模特佩特拉的华丽转身　112

　　第五节　意大利小同乡戈比·维尼　116

　　第六节　与让纳·摩若心心相印　123

　　第七节　撒切尔夫人的专职设计师　125

第七章　缔造卡丹帝国　129

　　第一节　女警的新装　131

　　第二节　卡丹的理念　134

　　第三节　对话女记者　137

　　第四节　皮尔·卡丹的营销法　141

　　第五节　在创新中不断前进　144

　　第六节　进军餐饮业再创奇迹　148

　　第七节　卡丹的生活　150

　　第八节　"我自己就是银行"　153

第八章　伟大的设计师皮尔·卡丹　157

　　第一节　荣誉之剑　159

　　第二节　开辟中国时装市场　163

第三节　红毯铺地　166

第四节　请中国女孩试衣服　169

第五节　灰绿色的小楼　172

第六节　皮尔·卡丹的法宝　175

第七节　"梦回巴黎"再现辉煌　178

前 言
Introduction

今天，皮尔·卡丹对于我们来讲，是一个非常熟悉的名字，我们都知道这是一个著名的时装品牌，而皮尔·卡丹本人，不仅是该著名服装品牌的缔造者，也是法国乃至世界上最伟大的服装设计大师，他曾三次获得法国服装设计的最高奖赏——金顶针奖。

"中国梦·我的梦"活动在全国各地展开，一场播种梦想放飞希望的教育运动拉开序幕，让没有梦想者拥有属于自己的梦想，让有梦想者的梦想变得更加远大。皮尔·卡丹所在的年代没有这样的运动，但他从小就有属于自己的梦想，并为了这个梦想背井离乡，大胆地走到外面陌生而又广阔的世界追逐梦想。

每个人都应该有自己的梦想，每个人都应该为自己的梦想不断放歌、不断攀登。张铮，一个在北京城当小保安的外乡人，并没有因为自己文化低、工作卑微而放弃自己的梦想和追求，而是敢于向自己喜欢的歌唱事业出发、不断挑战自我。张铮认为，小保安也有自己的大梦想，小保安也应该敢于走

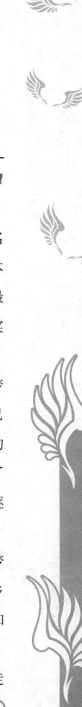

出去，敢于在各种舞台展示自己，现在的张铮在歌坛也小有名气。当有些人在怀疑这个没有多少文化的小保安的梦想时候，谁又会想到皮尔·卡丹当初也是一个普通的小裁缝，甚至他也是一个毫无文化的人，但正因为这个伟大的梦想，让他敢想、敢干、敢于去实践，最终，完成了凤凰涅槃，华丽转身，成为了世界著名的时装设计大师，拥有自己的公司，专卖店和分公司也开到了世界各地。

从皮尔·卡丹的一生我们可以看出，他是一个非常勤奋、执着的人。从故乡到维希再到巴黎，从小裁缝到出名的设计师再到创办自己的公司，每一个历程都充满了艰辛，但是，他一直坚持，用自己的勤奋、执着、勇气，不断攀登时装设计的高峰，不断开创时装艺术的奇迹。

每个人的成功都不是一帆风顺的，皮尔·卡丹也不例外。他在一生中遇到过很多挫折，也曾遭到行业人士的攻击、嘲笑，但是，他并没有止步，而是站在挫折的肩膀上继续前进，在自己理想的道路上不断攀登。

有梦想，就需要追逐、需要坚持，更需要理性地对待自己的梦想。皮尔·卡丹最初的理想是当一名舞蹈家，他也是因此而离开故乡去逐梦，但现实的残酷让他失望、准备结束自己"毫无意义"的生命时，他勇敢地写信向名人求教，并听从他人的建议，走出自己的心理误区，及时调整自己的理想，拨正自己的人生状态，并坚持下去。

每个人都应该有梦想，但每个人的梦想都应该在自己特长的范围之内。皮尔·卡丹在读书的时候，大量观察和学习了各种时装设计艺术，受到良好的艺术熏陶，同时，他学过几年裁缝，对缝纫技术有过硬的基本功底。尽管他不喜欢，或者他自己都没有发现，但这却是与他血脉相融合的一项技能。因此，每个逐梦者，一定要善于发现自己的特长，及时发挥自己的特长，像皮尔·卡丹那样在自己特长范围内去追逐自己的梦想，去实现自己的梦想。

古人云："三百六十行，行行出状元。"

每个行业都值得我们去从事，每个行业都会出现该行业的领军人物，每个行业都能创造出让世人震惊的奇迹。谁能想到，一个普通的小裁缝能在缝纫这个行业里走到世界时装大师这个队伍里，而且是一个毫无文化基础、毫无设计理论知识、唯有一颗逐梦之心的小裁缝，而就是这颗上下求索的心，成就了皮尔·卡丹伟大的事业。

小裁缝也有大梦想，小人物也应该有人生的大追求。一个人的理想越大，动力就越大，成就也就越高。因此，每个人都应该有自己的人生梦想和追求，不断攀登自己的梦想，像皮尔·卡丹那样成就一番伟大的事业。今天，我们学习皮尔·卡丹，不是要追寻他的脚步前行，而是学习他追求伟大人生理想的执着精神、能吃苦的奋斗精神、能创新的开拓精神。一旦我们领悟这种精神品质，学会这样的精神内涵，并把这种品质融入自己的血脉，每个人就能焕发出新的生命力和色彩，就能创造属于自己的人生奇迹。

pierre cardin

第一章　皮尔·卡丹品牌

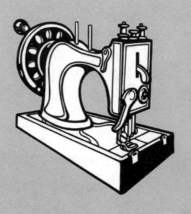

■ 第一节　小裁缝皮尔·卡丹的一生

■ 第二节　皮尔·卡丹品牌

pierre cardin

第一节　小裁缝皮尔·卡丹的一生

> 真正的人生，只有在经过艰苦卓绝的斗争之后才能实现。
>
> ——塞涅卡

1922年，皮尔·卡丹出生于意大利的威尼斯近郊，在他两岁的时候，小皮尔·卡丹的父母带领全家迁往法国。但是，由于皮尔·卡丹的父亲不会法语，在法国很长时间都找不到工作，所以皮尔·卡丹的家境一直相当贫困。小时候，皮尔·卡丹学习成绩并不好，且时常受到同学们的歧视和欺负。升入初中以后，他的成绩更差了，对学习也更提不起兴趣，课余时间别人都在写作业、复习功课，他则跑到街上的各大时装店里去游玩。

14岁那年，由于家庭贫困，皮尔·卡丹辍学了。为了谋生，他开始学习缝纫技术，当上了一个小裁缝。三年过去了，皮尔·卡丹凭借出色的手艺，已经成为当地一个小有名气的裁缝，女士们都愿意到他的店里来找他做衣服。但是，这并不是卡丹的理想，他的理想是成为一名舞蹈家。于是，在征得父母的同意后，皮尔·卡丹第一次离开父母，走出家乡，去寻找他

的人生梦想。

皮尔·卡丹来到了巴黎，因为当时的巴黎不仅是法国最繁华的城市，也是法国政治经济的中心，很多逐梦者都选择到这里追逐梦想。但是，当时正值第二次世界大战时期，整个巴黎陷入一片战乱之中，人们无暇顾及什么梦想，纷纷四散逃命。无奈之下，皮尔·卡丹只好又来到维希，希望能在这里寻找到自己的梦想。

皮尔·卡丹没有文化，也没有其他技能，他只能重操旧业，做起了小裁缝。尽管他不是很喜欢的职业，但为了生活，他只能这样选择。后来，经过布德里教授的点化，皮尔·卡丹放弃了自己虚无缥缈的舞蹈家梦想，一心做好自己的裁缝。皮尔·卡丹曾说："我是从头到尾学这个行业的。我喜欢把一件衣服从画图、剪裁、缝合、试样直至销售全部完成。"就这样，他一丝不苟地学习，掌握制衣的每一个细小环节所需要的技巧。当时，皮尔·卡丹所在的这家服装店是专门出售男性服装的，和女装比起来，虽然男装的花样比较少，款式也相对简单，但一件精良的男装制作起来不仅要求丝毫不比女装低，有时候甚至比女装更加程序繁复。正因为如此，在这家服装店，皮尔·卡丹打下了扎实的基础。安心下来的皮尔·卡丹获得了更大的发展，很快就展露出一名优秀裁缝的天赋，远近闻名。后来，得到伯爵夫人的指点，皮尔·卡丹再次向巴黎进军，去追逐自己的服装设计梦想。

第二次来到巴黎后，经伯爵夫人介绍，皮尔·卡丹来到

和创造世界名牌的人

一起放飞梦想

Let the dream fly

帕坎女士时装店大展身手。当时，许多著名演员都在这家服装店订做服装，这也给了他一个得以崭露头角的机会。不得不承认，皮尔·卡丹是一个非常善于学习的设计师，除了裁剪缝纫方面的技艺，他还从文学、美学等其他艺术领域广泛吸收营养，像法国现代派作家让·郭都，画家克里斯蒂昂·贝腊，他们的美学思想深刻影响了皮尔·卡丹的时装设计和创作，并为皮尔·卡丹赢来了许多订单。

　　不久，皮尔·卡丹意识到，自己在帕坎女士时装店已经没有了发展的空间，他需要到一个更广阔的空间去学习时装设计艺术，到一个更宽广的舞台去展现自己的设计才华。于是，他选择到夏帕瑞丽的时装店工作。后来，当他听说顶级设计师迪奥正在招人的时候，立刻前去应聘，成为了迪奥的助手。在迪奥身边工作的那几年，皮尔·卡丹迅速地成长起来，在缝纫技能方面，他学会了如何去制作一件既符合时尚潮流、看起来又大方高雅的时装；在事业方面，凭借着自己的聪明才能，皮尔·卡丹开始渐渐地在法国时装业站稳脚跟，从一个名不见经传的小裁缝，成为名噪一时的服装设计师。正如他自己所说的，迪奥教会他"知道各种事，除了如何做一个卡丹以外"。

　　从此，皮尔·卡丹走上了自己人生发展道路的正轨。1953年，卡丹第一次举办个人时装展览，大获成功，皮尔·卡丹的名字开始出现在巴黎的大小报纸上，达官贵人、淑女贵妇们不嫌他的门面小，纷至沓来，要求订做服装。1954年，皮尔·卡丹位于圣君子旧郊大街的时装店正式开张。在这里，他不断创

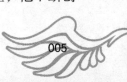

新，他一改过去量体裁衣、个别订做的时装经营模式，开始小批量生产成衣，并通过不断地快速更新服装款式，来保持人们旺盛的购买欲望。皮尔·卡丹就是这样勇于开拓进取，并在他以后的设计生涯中，制造出一个又一个"奇迹"。

独特的商业眼光，锐意进取的精神，富于创造性的远见卓识……凭借着出色的设计天赋和惊人的商业才能，皮尔·卡丹很快就在法国的时装界开创了一片新天地。要知道，在当时的法国，时装业本来是一个限制极严、门槛极高同时顾客又十分有限的特殊行业。巴黎的时装店虽然多如牛毛，但实际上，有生产"高级时装"水平的也仅仅只有23家而已。这样的情形让皮尔·卡丹首先意识到，高级时装再这样发展下去，路只会越走越窄，只有在普通消费者中开辟广阔的市场，时装业才能找到真正的出路。

正是出于这样的考量，天才的皮尔·卡丹创造性地推出了"成衣大众化"的改革举措，并通过此举在他事业发展的历史上写下了浓墨重彩的一笔。在今天看来，"成衣大众化"的意义已经远远超越了作为一条在商战中出奇制胜的妙计本身，甚至也不仅仅停留在服装界的一种创造性改革上。这一举措，对后来整个社会的经济发展以及消费结构的改变都产生了深刻的影响。毫不意外的是，这一改革当时受到了同行们的嫉妒、阻挠，他们甚至把皮尔·卡丹驱赶出行业组织。但是，符合当时社会发展潮流的改革是谁也无法阻挡的。

不久，继"成衣大众化"之后，皮尔·卡丹又掀起了一股男性时装的旋风，在那些被女性时装长期垄断的橱窗里，开始出现充满阳刚之美的高级男性时装，这给整个时装界带来一派新的气象。

紧接着，卡丹又设计出系列童装并迅速占领了整个欧洲市场，使一度落后的法国童装与高级时装一起走向世界。

皮尔·卡丹在时装界进行了一系列改革，每一次都引起了巨大的轰动。这些轰动也把他的时装设计生涯推向了一个又一个高峰。但皮尔·卡丹的事业不仅限于此，他还在时装领域之外进行了一系列尝试。

1976年，皮尔·卡丹开始进军家具设计和室内装饰行业，为了推广自己的产品，他还特意在巴黎的福博·圣昂诺莱街上开设了一家专营商店。这间共三层楼面的商店宽敞明亮，每一层都陈列着皮尔·卡丹创作设计的各类家具以及室内装饰产品，每一件产品都无声地诉说着这位大师的惊人才华。1981年，皮尔·卡丹再出惊人跨界之举——他收购了巴黎协和广场旁边、位于皇家路上的著名的"马克西姆"餐厅。随后，他又大手笔地买下"马克西姆"这块金字招牌，用以经营各种食品，包括饼干、糖果、香槟酒以及各种罐头等，按照皮尔·卡丹自己的说法，他要把法国式的烹调和优雅时尚的法国服装结合起来，把它们作为法兰西文明的共同体现。

皮尔·卡丹从服装、饮食领域中开辟了一条新的道路，这是他对自己事业的不断进取和执着追求。在他身上，不仅有一股超越常人的力量，而且他的创新意识几乎永不衰竭。人们相信，皮尔·卡丹的设计永远是与众不同的，他的创造力永无止境。

然而，多数人通常只懂得为成功欢呼喝彩，但他们却不知道，所有这一切成就，是皮尔·卡丹以每天18个小时的辛苦工作为代价换来的，在他的床头，总是放着纸和铅笔，每次他睡前，都拿起纸和笔进行他伟大的设计和构想。他对自己的工作总是那么操劳，甚至顾不上休息，至于度假，对于他来说竟是"难以忍受"的。皮尔·卡丹选择了勤奋，这也是他事业成功的重要原因。

从一个赤手空拳到巴黎寻梦的小裁缝，到世界著名的服装设计大师，皮尔·卡丹先生的奋斗经历，为我们生动诠释了"传奇"这个词所包含的内容。当然，他的传奇经历还不止于此，是他，让高级时装不再仅仅是T台秀场和极少数贵妇的专利，而是作为批量生产的成衣进入了寻常百姓家；是他，以一名服装设计大师的身份一手缔造了一个庞大的商业帝国，其分支机构遍布世界各地。

近年来，皮尔·卡丹先生把更多的精力投放在各种社会活动上，他集服装设计大师与商业巨头于一身的特殊身份，为他的许多社会活动提供了帮助，皮尔·卡丹为推动世界各国人民之间的相互了解与和解所做出的贡献，即便是许多职业外交家也无法与他相比的；从他走进中国的那一天起，二十多年来，他以饱满的热情和充沛的精力，为我们在欧亚大陆之间架起了一座友谊的桥梁，因此，对于所有中国人来说，皮尔·卡丹先生是一个真正意义上的老朋友和好朋友。

卡丹先生用自己永不衰竭的热情，创造了多个"第一"：第一个打破高级时装只为极少数人所拥有的传统，使服装艺术走进普通百姓的生活；第一个发明了"授权代理"概念，出售自己所设计的商品的专利权，以此开拓国际市场……1974年12月，皮尔·卡丹登上了美国《时代》杂志的封面，评价他为"本世纪欧洲最成功的设计师"。而在我们看来，他不仅仅是一个成功的时装设计大师，更是一个具有前瞻性的时尚领导者。

除此之外，皮尔·卡丹一生获奖无数，1958年，皮尔·卡丹在美国波士顿获得"年轻设计师奖"；1966年，在德国获得"金纺车奖"；1977年、1979年和1982年，皮尔·卡丹三次获得法国"金顶针奖"，这是法国高级时装界用来奖励当季高级时装最佳设计的……与此同时，卡丹还获得了法兰西艺术学院院士的荣誉称号，他还是法国荣誉勋位团第三级荣誉勋位的获得者。1991年，皮尔·卡丹被任命为联合国教科文组织名誉大使。

现在，在世界五大洲的80多个国家里，有600多家工厂在按照卡丹的设计，制造"皮尔·卡丹"牌和"马克西姆"牌的各种产品。

正如我们所知道的，在法兰西文明中，有四个名字的知名度最高、地位最突出：埃菲尔铁塔、戴高乐总统、皮尔·卡丹服装和马克西姆餐厅。这其中，皮尔·卡丹一人竟然占了服装

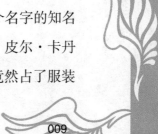

和餐厅两项，事实上，卡丹已经成了法兰西文化的突出象征。

第二节 皮尔·卡丹品牌

孤独是我创作灵感的源泉。

——皮尔·卡丹

时至今日，每当我们提起皮尔·卡丹，我们首先想到的，是一个在法国首屈一指的商业巨擘的名字，是一个最具创新和冒险精神的时装设计师的名字。他的传奇经历，五十多年来一直被人们所推崇；他的显赫名声，半个多世纪以来一直被人们所景仰。然后我们想到，这还是一个享誉全球的时装品牌，它的消费群体如此广泛，以至于在全世界范围内，上至名门望族下到普通百姓，每个人都以拥有一套皮尔·卡丹品牌的服装为荣。

从20世纪50年代起，世界各国的服装设计师纷纷开始建立自己的时装帝国，比如，法国的皮尔·卡丹（pierre cardin），意大利的范思哲（Versace）、古驰（Gucci）和阿玛尼（Armani），以及美国的卡尔文·克莱恩（Calvin Klein）等，他们在时装设计方面都有突破性的创新，创建了自己独特的品质。在这些典范中，皮尔·卡丹更具有创新性，他总是能不断地开拓进取、引领时尚。例如，皮尔·卡丹开创了"无性别装"设计的先河，一改过去服装在设计上生硬的按照性别的划分，他所设计制作的无明显性别特征的服装引领了中性服装的潮流，不仅受到消费者的广泛欢迎，更使他本人声名鹊起。

不过，对于皮尔·卡丹本人和他的商业帝国以及整个时装业来说，他最重要的决策和举动，还是向全世界出售专利。1968年，皮尔·卡丹率先采取行动，将皮尔·卡丹专利转让出去，借以开拓国际时装市场。皮尔·卡丹公司每年卖出的设计草图多达千余件，至于大部分具体设计，则交给得到商标使用权的各地商人，让他们充分发挥自己的才能，然后结合当地的实际情况均匀提成。皮尔·卡丹只掌握授权公司4%—10%的股份。这样的举措，就使得皮尔·卡丹的服装设计更容易走向市场。如今，从西亚到东亚，从北欧到南欧，从北美到南美，世界各地的人们都可以很容易购买到皮尔·卡丹的商品，从男人的衬衫、领带、皮带到女人的内衣，可以说应有尽有。

从某种程度上来说，在时装业过去几十年的发展历史中，皮尔·卡丹总是第一个冒险，走在时装潮流的最前沿。对于这样一个现象，不少国际时装界的专家评价说："如果没有皮尔·卡丹的表率作用，全世界不会有这么多的人穿上古驰的皮衣、拉尔夫劳伦的衬衫和奥斯卡·格拉林塔的衣服。"正因为如此，皮尔·卡丹对整个社会的时装发展，才显得更具有时代性。

不过，虽然皮尔·卡丹的才华已经在服装设计方面得到

充分的表现，但是显然，仅仅这一个领域还不足以展现他丰富的想象力和创造力，家具、灯具、装饰品、日常用品……皮尔·卡丹手中的笔仿佛具有一种神奇的魔力，可以自由延展到他感兴趣的任何领域，甚至包括汽车和飞机造型。皮尔·卡丹设计的汽车线条流畅，无论是仪表盘还是方向盘，都体现出设计者所独具的匠心，给人耳目一新之感。他设计的飞机，机身呈黑、红、白三色条纹，以独特的姿态翱翔于蓝天之上。

到了2000年，皮尔·卡丹已经成功地建立起一个庞大的商业帝国，从开办时装店到经营酒店，从最初单一的服装设计，发展到经营600多种不同的专利产品，卡丹的商业版图几乎涵盖一切。现在，皮尔·卡丹在全球140多个国家建立了840多家工厂，每天都有20多万人在为他工作；在皮尔·卡丹旗下，有5000多家"卡丹"与"马克西姆"专卖店，他的商业王国年营业额现已达到了近20亿美元。在如此庞大的帝国中，唯一的权威就是皮尔·卡丹本人。直到今天，皮尔·卡丹帝国每一张重要的支票都是由皮尔·卡丹本人亲自签发的。

20世纪70年代，皮尔·卡丹第一次走进中国，打开了中国这个庞大市场的大门，激活了沉睡已久的中国时装市场，并在一定程度上引领了中国时装界的发展。同时，他还为引领中国时装走向世界做出努力，使得中国和亚洲的时装市场从此活跃起来。皮尔·卡丹也成为了第一位走进中国的国际时装大师。

皮尔·卡丹的帝国现在究竟有多大、涉及的领域到底有多广、对人们的生活产生了多大的影响？皮尔·卡丹曾经在加纳海滨浴场游泳时和朋友谈及这个问题，他对自己每天的生活做了一个概括："我可以毫不客气地宣称，我每天使用的每件东西都是皮尔·卡丹的，而且我的说法绝对没错。早晨起来，我刮胡子时使用的是皮尔·卡丹剃须刀。洗浴之后，我全身上下的衣服、领带、鞋子、内衣都是皮尔·卡丹生产的。然后，我就到皮尔·卡丹所拥有的饭店——巴黎的马克西姆餐厅就餐，或者前往皮尔·卡丹的影剧院看文艺表演。在我的房子里，每件东西都是皮尔·卡丹的，我穿的，吃的，用的都是皮尔·卡丹的。不过，我使用的许多东西并不一定是在法国生产的，我的创新精神使得皮尔·卡丹产品遍及全球。"可见，皮尔·卡丹不只专注于时装这个单一的领域，而是涉及到个人生活的方方面面。这就是皮尔·卡丹品牌，今天，我们当中的很多人所了解的皮尔·卡丹大多都是不全面的，因为我们对他的认识还都只停留在单一的时装领域。

　　实际上，世界各地的消费者都可以像皮尔·卡丹那样，睡卡丹床，坐卡丹软椅，在皮尔·卡丹的餐厅里进餐，用卡丹的灯照明。无论是去剧院看戏还是到展览会参观，都可以不出卡丹的帝国。不过，正如皮尔·卡丹自己所说的："用'皮尔·卡丹'作牌子的一切都属于我。"这就是皮尔·卡丹，一个小裁缝所创造的商业帝国，这个帝国，不仅服务于人们的生活，提高人们的生活水平和品质，也在不同程度上改变着世界。

pierre cardin

第二章　少年时期的皮尔·卡丹

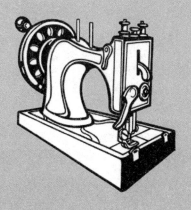

■ 第一节　辗转离乡

■ 第二节　童年时光

■ 第三节　拣来的布娃娃

■ 第四节　缝制出第一条小裙子

■ 第五节　不堪回首的学生时代

■ 第六节　学校的舞台演出

pierre cardin

第一节 辗转离乡

> 不要让人的个性被平淡无奇的服装所扼
> 杀，让千变万化、千姿百态的服装充分展示
> 人人不同的个性。
>
> ——皮尔·卡丹

1922年7月2日，在著名水城威尼斯近郊一户贫穷的农家里，一阵嘹亮的婴儿啼哭声打破了村庄的寂静，这个刚刚诞生的小生命，就是皮尔·卡丹，老卡丹家的第7个孩子，也是老卡丹最小的一个孩子。

儿子出生了，老卡丹却并没有做父亲的欢欣和喜悦，相反，他愁容满面，不住地长吁短叹。因为，新生儿的到来对于这个本来就困难的家庭来说无疑是雪上加霜，老卡丹不知道自己应该怎样去面对这个瘦小孱弱、眉清目秀的男婴，他不知道拿什么去养活他。

老卡丹家十分贫穷，一直靠种植葡萄的微薄收入勉强糊口，一旦赶上年景不好，一家人的生活就没有了着落，每次遇到这种情况，他就得忍着饥寒，冒着风险到山上去开冰，用卖冰的钱来补贴家用，因此，这一家人常常是吃了上顿没下顿。

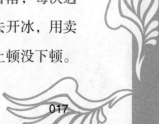

现在，家里又多出一张嘴，这日子该怎么过呢？

　　作为一个父亲，老卡丹最忧虑的是不知道怎么才能让他的小儿子在这个艰难的世道里活下来，长大成人，也不知道怎么才能让儿子远离贫困，过上像样的日子。

　　如果这些算困难的话，老卡丹不知道，还有更大的灾难在等待着这贫困的一家人。

　　皮尔·卡丹出生后，他的祖国连遭厄运，人们的生活变得更加艰难。在皮尔·卡丹一岁多的时候，以欧洲为主战场、很快波及全世界的第一次世界大战的战火就燃烧到意大利，昔日风光旖旎的威尼斯上空终日硝烟弥漫，大片大片的葡萄园被战火焚毁。

　　这样一来，老卡丹一家赖以生存的基本条件也被无情的战火吞噬了，生活成了最大的问题，全家人陷入生活的困顿之中。更让人惶惑的是，他们不知道日后还会有什么样的麻烦降临到这个贫穷的家庭中。

　　为了躲避战火、保命生存，老卡丹决定带领全家离开自己生长的故土，到当时相对安宁的法国定居，这样至少能给家人一个安定的生活。对家乡的依恋，对未知的迷茫，父亲的种种复杂的情绪，对于皮尔·卡丹这个当时只有一岁的孩子来讲并没有任何影响。能吃饱穿暖，有亲人的疼爱，对于他来说，已经足够了。

　　家里的物件少得可怜，一辆马车就全装下了。母亲用两块破旧的蓝被单包裹好瘦得像只小猫似的小卡丹，一家人依依不舍地踏上了背井离乡的漫长旅途。

途经威尼斯河畔时，老卡丹特意从妻子手里接过了小卡丹。他蹲在河边，用浸湿了河水的一块破布，仔细地为小儿子擦干净了小脸和小手。老卡丹心里就像压了一块铅，沉甸甸的透不过气来。他想，这一去，不知何年何月才能归来，这或许是自己最后一次用故乡的水为心爱的小儿子擦洗。而且，在老卡丹的心里，还蕴藏着一个美好的愿望，他希望自己这个特别的举动，能让小儿子以一个崭新的面孔来认识世界，用一双干净的手去创造一个属于他的新世界，同时能给一家人带来全新的生活。这是一次特殊而神圣的洗礼，不过，年幼的皮尔·卡丹怎识人间甘苦，他蹬着小腿儿，开心地咯咯咯笑个不停。

老卡丹一家长途跋涉，历尽艰辛，终于越过了阿尔卑斯山，来到了当时还相对安宁的法国，在法国东南部的格勒诺布尔勉强定居下来。老卡丹家的日子本来就艰难，经过这番折腾，更是一贫如洗，一切都得从头开始。

而对于站在人生巨大转折点上的老卡丹来说，他并不敢奢望皮尔·卡丹日后会成为一个与法国著名的埃菲尔铁塔一样闻名世界、与法国民族英雄戴高乐一样四海皆知的时装巨人，他现在只关心如何才能挣钱，如何才能养家糊口，让一家人能好好地生活。

第二节　童年时光

青春是人生之花，是生命的自然表现。

——池田大作

老卡丹一家来到法国，一切都是新的，一切都要重新开始。简单地把家人安顿下来后，找工作就成为了老卡丹最主要的任务，毕竟，以前微薄的积蓄支撑不了多久。

老卡丹不会说法语，无法与周围人沟通，这在很大程度上增加了他找工作的难度。无奈，老卡丹只能干一些别人不愿意干的脏活累活，比如打扫烟囱、清洁地沟、到车站为人扛行李等，但是，无论干活多么辛苦，生活多么卑微，只要能够挣到钱，解决家人的温饱，老卡丹什么都不计较，什么都愿意干。不过，尽管老卡丹几乎干尽了这些别人不屑于干的活儿，勤勤恳恳，任劳任怨，但还是不能解决经济问题，一家人还是经常填不饱肚子。

后来，在没有其他办法的情况下，老卡丹只好又重操旧业。在格勒诺布尔周边有许多高高的山峰，老卡丹天天骑着马来到山脚下，冒着生命危险爬上去采冰，然后，再将这些大块大块的冰拖下山来，走街串巷，挨家挨户地去卖给富家大户，挣几个小钱，维持一家人的生计。

在异国他乡，老卡丹只能像那些无路可走的失业者，以这样的方式在生活的泥淖里苦苦挣扎。这样的生活虽然辛苦，但是毕竟可以避开战乱。皮尔·卡丹的童年就是这样在格勒诺布尔度过的。

对于皮尔·卡丹来说，童年生活虽然充满了饥寒与贫困，但仍不失家庭的温暖和生活的乐趣。小皮尔·卡丹并没有特别真切地感受到生活的苦，尽管岁月艰难，这群穿着破衣烂衫、经常饿着肚子的孩子们，只要能够像小马驹一样开心地奔跑在开阔的草地上，纵情地戏耍，生活就没有什么烦恼。他们玩得那么开心，要不是母亲再三呼唤，都记不起要回家。

卡丹的父母对这个最小的儿子无疑宠爱有加。有一次，皮尔·卡丹不小心打碎了家里唯一的一个装饰花瓶，心里非常害怕。尽管母亲心疼那只对他们家来说近乎珍宝的花瓶，但她更心疼儿子，一见到小卡丹流下了自责的眼泪，母亲一句责备的话都没有说，只是紧紧地抱住了他，安慰着他。这件事情，让皮尔·卡丹终身难忘。

每天晚上，劳累了一天的父亲进门时都是一副疲惫的模样。老卡丹的腰弯成了一张弓，好半天也直不起来，但是，无论怎么疲倦，父亲从来没有忘记过，进门的第一件事就是把粗糙的手放在小卡丹的头顶，轻轻地抚弄一阵他那柔软的头发。

每当夜幕降临，是皮尔·卡丹最难忘的时刻。忙碌了一天的父亲终于可以在窗前坐下来休息，但大多数时间，他都默

默地坐在一边沉思。生活的重压，把他变成了一个沉默寡言的人。此时，皮尔·卡丹总是偎依在母亲身边，望着窗外满天的繁星。母亲一边飞针走线为全家人缝补衣服，一边轻轻地哼唱着歌谣。母亲会唱好多好多动听的歌谣，像《桑塔·露其亚》，像《重归苏莲托》，像《啊！朋友》，每天的这个时候，是皮尔·卡丹最快乐的时候。

在这些歌谣当中，皮尔·卡丹最爱听那首《重归苏莲托》："看，这海洋多么美丽！多么让人激动！看，这大自然的风景，多么使人陶醉！看，这山坡旁的果园，长满黄金般的蜜柑，到处散发着芳香，到处充满温暖。可是你对我说'再见'，永远抛弃你的爱人，永远离开你的家乡，你真忍心不回来？请别抛弃我，别使我再受痛苦！重归苏莲托，你回来吧！"

每个夜晚，皮尔·卡丹都是在母亲舒展流畅、柔和婉转又略带些伤感的歌声中慢慢地进入梦乡。在歌声中，南欧国家的浪漫和水城的风情慢慢润入了他幼小的心灵，为他悄悄地积累着艺术家必备的气质和灵感。

这就是皮尔·卡丹的童年，物质生活极度匮乏，没有可口的食物，没有得体的衣服，更没有好玩的玩具。在他眼中，看到更多的是家庭的贫困、父亲的辛苦劳作、母亲的贤惠持家。这一切，留在他的记忆中，成为他人生中最重要的财富。

第三节　拣来的布娃娃

尽力做好一件事，实乃人生之首务。

——富兰克林

对于皮尔·卡丹一家来说，日子再难，也得照常过下去。岁月的长河就这样悄无声息地流淌，不知不觉中，皮尔·卡丹无忧无虑地长到了7岁，随着年龄的增长，小卡丹也开始懂得了很多道理。

在一个阳光明媚的夏日，皮尔·卡丹趴在绿茵茵的草地上，双手托着他那个充满了奇思妙想的小脑瓜儿，用一双稚气但却带着一点儿与年龄不相称的忧郁的大眼睛，久久地望着远处。

不久，皮尔·卡丹又看到了那个高贵的小女孩，和往常一样，她穿着华丽的衣服走进他的视线，就像一个公主一般。每次，皮尔·卡丹和她偶然相遇，她都高傲地昂着头从他身边走过，从来没有正眼瞧过他一次。仿佛越是如此骄傲，就越能显出小女孩的高贵。

小女孩就住在卡丹家附近的一座小楼里，尽管是邻居，但他们之间却从来没说过话，因为在卡丹眼里，女孩就是一个高

贵的公主。皮尔·卡丹相信，她一定不认识自己，更不要说和自己这个穷小子玩耍了。

突然，小卡丹眼前一亮：女孩手里拿着一个非常漂亮的布娃娃，就像真人一样。皮尔·卡丹从未见过布娃娃，他完全被那个满头金发的布娃娃吸引住了，像中了魔一样，不由自主地从草地上爬了起来，梦游似的，一步一步走到了小女孩的身边，眼睛一眨不眨地盯着那个可爱的布娃娃。

皮尔·卡丹没有注意到，那个小公主正在生气，她一边走一边撅着小嘴儿自言自语道："丑八怪，丑八怪！我讨厌你！讨厌你！"原来，她在生自己手里那个布娃娃的气，嫌这个布娃娃太丑了。突然，她把布娃娃狠狠地往地上一摔，看也不看转身就走了。

刚才布娃娃还在小女孩手里，现在竟然没有人要了；刚才还在眼馋这个可爱的布娃娃，现在它竟然就躺在自己的脚下。一切都发生得那么突然，皮尔·卡丹完全被小女孩儿的举动惊呆了，看着她飞也似的奔走而去的身影，半天都没回过神儿来。

皮尔·卡丹小心翼翼地把布娃娃捡了起来，仔细端详、打量这个可爱的布娃娃。经过观察，他发现布娃娃除了裙子的颜色单调暗淡以外，没有一点儿毛病，他想，只要给它换上一条新裙子，它就会像童话里的天使一样，变得光彩照人。

皮尔·卡丹爱怜地把布娃娃抱在怀里，他希望它的小主人能回心转意，重新把它带回家。他轻声地安慰着布娃娃："别担心，她会回来找你，把你带回家的。你多漂亮呀，她不会不要你的。"就这样，他安静地靠着一棵小树，等待着布娃娃的小主人。不时地，他的脑海里浮现出布娃娃穿上色彩斑斓的新裙子后的漂亮模样。

夜幕降临了，女孩子一直没有再出现。夜晚，起风了，卡丹只好抱着布娃娃回家了。

当皮尔·卡丹回到家里的时候，母亲看见他手里多了一个昂贵的布娃娃，不觉吃了一惊。对于这个普通的家庭来讲，这简直就是一件奢侈品，小卡丹从哪里得到的？母亲不自觉地提高了声音，说："我的孩子，你怎么能把别人的东西带回家？咱们再穷也不能拿人家的东西啊！"对于这个贫穷的家庭来说，自尊与自爱是他们生活在这个世上最后也是最有力的支撑了，母亲不能容忍孩子有这种行为。

皮尔·卡丹赶紧向母亲说明了事情的经过，自己是怎样捡到的，后来又怎样等了一下午，卡丹告诉母亲，他一定会把娃娃物归原主的。同时，卡丹告诉母亲，他要给布娃娃重新缝制一条裙子，等他给布娃娃换上新裙子后，它的主人一定会更加喜欢它的。

第四节　缝制出第一条小裙子

> 伟大的作品不是靠力量,而是靠坚持来完成的。
>
> ——约翰逊

晚饭后，皮尔·卡丹迫不及待地从母亲盛针线的小篮子里找出了一些碎布和针线，然后就在昏暗的油灯下忙碌起来，他要为这个布娃娃做一条世界上最美的裙子。

他把各种小碎花布拼成美丽的图案，然后把它们一块块地缝起来。接着，他又把拼接好的花布裁成漂亮的小裙子，再一针一针地缝起来。好几次，针尖把他的小手扎出了血，但他一点儿也不在意，他一定要完成自己的心愿。

终于，大功告成了。"天哪，小卡丹，太美啦！"母亲亲吻着儿子，惊叹地说："你什么时候，从什么地方学的手艺？"母亲接过小卡丹手里的布娃娃，翻来覆去地看着，完全被它那漂亮的裙子所惊呆了。

皮尔·卡丹告诉母亲，自己只是想给布娃娃穿上最美的裙子，他没有跟任何人学习过，平日里看母亲缝缝补补，他就知道怎么做针线活了。母亲的赞美给了皮尔·卡丹极大的勇气。

皮尔·卡丹告诉母亲，他要把这个布娃娃亲手交给那个女孩，当他这样说的时候，看到母亲向他投来赞许的目光。

第二天一早，皮尔·卡丹吃过饭就出门了，他抱着焕然一新的布娃娃来到了那块草坪，静静地等待着布娃娃小主人的出现。但是，直到中午，还不见那个小女孩儿的身影。皮尔·卡丹不安地想：她会喜欢现在的布娃娃吗？我把它的衣服换过了，她会不会生我的气？

皮尔·卡丹的肚子饿得咕咕直叫，小女孩儿还没出现。此时，皮尔·卡丹说不清自己是高兴还是遗憾。就在皮尔·卡丹转身准备离去时，小女孩儿在离他不远的前方快乐地一蹦一跳地朝他走来，她手里抱着一个新的布娃娃。

小女孩儿来到皮尔·卡丹身边，蓦地停住了脚步。她看着皮尔·卡丹手里的布娃娃，发出了一声惊叫："啊，多可爱的布娃娃！我从来没见过这么好看的布娃娃呢。告诉我，你是从哪儿买的？我要让妈妈也给我买一个。它一定很贵吧？求求你了，快告诉我吧，你是从哪里买的，我可等不及了。"小女孩情不自禁地问了一连串的问题。这是小女孩第一次和小卡丹打招呼，而且话里还有几分倾慕和央求的意味。

"这不是买的，而是你昨天丢弃不要的那个布娃娃。"小卡丹答道。

"哼，我才不信！我的那个又破又丑，难看极了，哪儿有你的那么漂亮！是不是你怕我也去买一个这样的布娃娃，你就不能独自骄傲了？"小女孩责怪地说道。

"真的就是你那个布娃娃，我只不过给布娃娃缝了一条新的裙子。"

"真的？"小女孩惊讶地说道。

"我怎么会骗你呢？"小卡丹说。

小女孩儿还是不信："你骗人！不可能，那怎么能改变呢，你缝制的会比卖的好吗？我才不信呢。"不过，她还是拿过布娃娃，疑惑地看了看，然后又认真地端详起来。她认出来了，这果真是自己的布娃娃。小女孩儿又一次发出了开心的惊叫，她仰起粉红的小脸儿，敬佩地对皮尔·卡丹说："你太棒啦！多么漂亮的裙子啊，我要是有这样漂亮的裙子多好啊！"

小女孩儿的夸奖，让皮尔·卡丹心花怒放。女孩儿紧紧地抓住布娃娃，一刻也不想松手。她小心翼翼地问皮尔·卡丹："我能拿我的新娃娃和你换吗？我太喜欢它这条漂亮的裙子了。"

皮尔·卡丹听了，高兴极了，尽管心里舍不得，但他还是像个男子汉一样大方地说："不用换，这本来就是你的。我今天就是专门在这里等你来拿回你的布娃娃的，你尽管拿去好了。"看着欢呼雀跃的小女孩儿，皮尔·卡丹心里生出了一种从未有过的成就感。

这是皮尔·卡丹生平第一次设计并制作小裙子，那一年，他只有7岁。当时，他自己也没意识到这条小裙子对自己具有何等意义，但这条裙子却犹如一粒种子，深深地植根在他的内心深处。

母亲的赞美，小女孩的惊叹，给了皮尔·卡丹极大的自信和勇气。尽管在常人眼里这是一件再平常不过的小事，但对皮尔·卡丹来说意义却非同寻常，就像一只苹果落在牛顿的头上，这件事看起来有点偶然，但意义重大，影响深远，足以改变一个人一生的命运。

第五节　不堪回首的学生时代

> 青春是一个短暂的美梦，当你醒来时，它早已消失无踪。
>
> ——莎士比亚

8岁那年，皮尔·卡丹一家又一次搬迁，离开了他们已经熟悉了的生活环境，到另一个陌生的城市生活。这一次，卡丹一家人搬到了圣莱第昂。不久，父亲把卡丹送进了当地的一所小学，但遗憾的是，皮尔·卡丹对读书一点儿也不感兴趣，加上他的法文基础太差了，听课十分困难，因此，皮尔·卡丹的学习成绩并不好。

同学们都看不起这个穿着破烂的外乡客，为此，皮尔·卡丹长期受到同学们的欺负。自视高雅的法国人本来就看不起意大利人，因为意大利人爱吃通心粉，所以"通心粉"就

成了法国人对意大利人的贬称，卡丹的同学也毫不例外地时常用"通心粉"来称呼他。此外，他们还给卡丹取了个"窝囊废"的绰号，这大大地伤害了皮尔·卡丹的自尊心。不论是上小学还是后来上中学，这两个外号一直紧紧跟随着皮尔·卡丹，给他的学校生活投下了抹不去的阴影。

皮尔·卡丹时常会回想起当年那个小女孩欢呼雀跃的样子，那个高贵的小公主本来从不看自己一眼，没想到当她看到那条裙子后，会那样兴奋。小女孩的喜悦和那条漂亮的小花裙子，这一切都已经深深地印在了皮尔·卡丹幼小的心里，再也抹不掉了。与像块木板一样坐在课堂上相比，卡丹更愿意裁裁剪剪，穿针引线，做一个小裁缝。这真是一件怪事，对于一个生活在天天都要为吃饭穿衣发愁的家庭里的孩子来说，时尚是多么遥远的一件事情啊，但是，他却偏偏对各式各样的时装感兴趣。与其说这是一种不切实际，不如说，每个人都有做梦的权利。

读书学习是每个孩子成长过程中必须要经历的重要阶段，皮尔·卡丹也不例外。不过，面对枯燥的学习，卡丹一点儿都找不到快乐的感觉。在学校找不到快乐，他就经常逃课到大街上游逛。一条街一条街地逛过去，卡丹痴迷地观看着玻璃橱窗里那些款式各异的时装，久久舍不得离去。这个"坏习惯"一直贯穿了他学校生活的全过程。那时，在他幼小的心里已经萌生了一个明确的目标：长大后，一定要当一名时装设计师。

和其他逛商场的人不一样，皮尔·卡丹不是去买时装的，他仅仅是去看时装、欣赏时装的，他借此消磨自己的时光。对他这样的穷小子来说，那些价格昂贵的时装就像天上的星星一样，可望而不可即，这一切根本不属于他。不过，这并不能让皮尔·卡丹感到沮丧，没有能力买这些时装，看看总还是可以的吧？对于这些昂贵的时装，他百看不厌。

皮尔·卡丹成了许多商场的"常客"，许多商场的服务员都熟悉了这个小男孩，熟悉了这个只看不买的特殊顾客。

服务员大都长着双势利眼，别看他们见了有钱人一个个点头哈腰的，但对衣衫褴褛的卡丹，他们却完全视而不见，不理不睬，很多服务员嘲笑他：穷小子也来欣赏时装？还有的对他翻白眼，不客气的服务员甚至还冲他喊："滚开，小穷鬼，就你也来看时装？"有的人讽刺他："怎么样，小意大利鬼，买一套去送给你的小情人吧？"

对于这些，皮尔·卡丹早已习以为常，根本不予理睬，他依然每天坚持逛各大商场，看看有什么样的款式，不同的季节有什么样的流行出现。于是，各种不同时装的款式、风格深深地留在他的大脑深处，成为他日后时装设计的素材。

第六节 学校的舞台演出

> 超乎一切之上的一件事，就是保持青春
> 朝气。
>
> ——莎士比亚

让皮尔·卡丹高兴的是，学校会在不同的时期举办不同的戏剧演出，这给厌烦呆板课堂生活的卡丹带来了极大的希望。于是，他积极申请、表现，主动参加校内的各种戏剧演出。一接触戏剧舞台，皮尔·卡丹就对它产生了强烈的兴趣，于是，他一反以往对学校的淡漠态度，表现出了高涨的热情，全身心地投入到学习之中。

只要学校有各种演出活动，卡丹都会一次不落地参加，认真地扮演分配给他的每一个角色，不仅如此，他还自觉承担了许多别人不愿意干的杂务。因为，他想在这里找到属于自己的世界，所以，只要是跟舞台艺术相关的东西，他都想做、愿意做。皮尔·卡丹日后能在艺术上大有作为，甚至达到了登峰造极的地步，学生时代的这个小小舞台对他产生的影响是不可估量的。

在这个小小的舞台上，皮尔·卡丹又找到了当年的那种自信和内心的喜悦。舞台上的各种角色，舞台上的各种快乐，让他忘记了课堂上的烦恼，只有这个时候，他才是最快乐的。

那时候，皮尔·卡丹的家仍旧是那么贫困，或者说，他们一家人始终没有摆脱贫穷的厄运，尽管父亲常年辛苦地奔波，并且在很长的一段时间里，全家主要靠父亲卖冰块的微薄收入艰难度日，但这一切显然是不够的。

皮尔·卡丹是一个非常懂事的孩子，为了帮助父母分担忧愁，在很小的时候，他就主动设法四处去打小工、做零活儿，挣点小钱来补贴家用。当然，这也在一定程度上影响了他的学业，导致他的学习成绩一直不好。六年过去了，卡丹勉强拿到了一张小学毕业证书。老卡丹夫妇为儿子的前途心急如焚，他们不知道儿子今后要靠什么谋生。

小学毕业以后，皮尔·卡丹不求上进，整天混迹街头，卡丹的母亲担心他的未来，整天忧心忡忡。一次，母亲伤心地说："孩子，如果你继续这样下去，你会饿死的。"而这个时候，一旁的父亲则深深地埋下了头，他觉得自己对不起儿子，既没有能力给孩子完整的爱，也没有能力让孩子接受良好的教育。

父母的担忧并没有对皮尔·卡丹造成任何影响，他对自己的前途充满了信心。他还安慰父母说："放心吧，我不会饿死的，我会找到一份如意的工作来养活自己的。"这样一句自信的话语，听在父母耳朵里，却是不知天高地厚的无知和狂妄：没有好成绩，怎么能有一个美好的人生和未来？父母又怎么能

不担心？

现实总是那么残酷，并不会因这个家庭的艰难而对它有丝毫怜悯。厄运不断地降临到这个家庭，先是父亲的生意越来越惨淡，屋漏偏逢连日雨，不久，母亲又病倒了。

pierre cardin

第三章　　小裁缝生涯

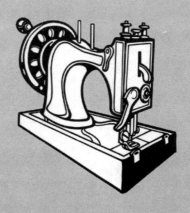

■ 第一节　小裁缝

■ 第二节　到巴黎去寻梦

■ 第三节　卡丹的第一份工作

■ 第四节　舞蹈家梦想的破灭

■ 第五节　维希的头号裁缝

■ 第六节　伯爵夫人的预言

pierre cardin

第一节 小裁缝

> 精神的浩瀚、想象的活跃、心灵的勤奋：就是天才。
>
> ——狄德罗

小学毕业后，14岁的皮尔·卡丹刚刚迈入中学门槛后不久，就辍学了。因为中学课程越来越难、家庭环境也越来越恶劣。为了生计，也为了彻底逃离那个令他"厌恶"的课堂，卡丹来到一家小裁缝铺当学徒，开始了他的裁缝生涯。

学徒生活的艰辛无法言说，师傅常常把皮尔·卡丹支使得团团转，任何一点小事情都要找他，让他一刻也不得安宁。一天忙碌下来，除了疲惫，还是疲惫，卡丹没有任何别的感觉，更感受不到当初自己为布娃娃缝制裙子的那种快乐。但是，皮尔·卡丹从不抱怨，他总是乐呵呵的，把师傅交给他的任务一丝不苟地完成，并不断地学习、揣摩各种服装的制作流程。毕竟，他太喜爱这个工作了，只要一看到色彩斑斓的布料，一拿起针线，他的心里就会泛起一种美滋滋的感觉，什么烦恼，什么疲劳，都被他远远地抛到九霄云外去了。他认认真真地做着师傅交代的每一件事，一点一滴地学习、实践服装的设计与制作。

日子就这样悄悄地溜走了，仅仅两年的工夫，卡丹的手艺就大大地超过了师傅，在当地已小有名气，似乎皮尔·卡丹天生就是一块做服装的材料，天生就是一个设计师。他常常别出心裁地设计出一些新颖的款式，很受当地一些太太小姐们的青睐，不时上门请他为她们量身设计各种女装。每次，皮尔·卡丹都设计出不同的款式，让这些太太小姐们满意而归，而她们也成了卡丹免费的广告，让卡丹的声誉越来越好，远近闻名。皮尔·卡丹当学徒的那家店铺，成了当地年轻姑娘们最爱光顾的地方，也成了当地时装流行元素的生发地和集散地。

有一位富家小姐特别喜欢皮尔·卡丹设计的服装款式，三番五次来找皮尔·卡丹，要请他到自己家里去专门为她设计服装。这对于皮尔·卡丹来说，自然是求之不得的，这样他就可以不必考虑成本，尽情地去展示自己的才华。不过，当时皮尔·卡丹还在学徒期，按照契约，他不能离开师傅独立谋生；再说，小店的生意也实在离不开他，卡丹只好遗憾地婉言谢绝了那个小姐的邀请。

在各式各样的服装中，皮尔·卡丹最钟爱的还是新奇高雅、款式多样的舞台服装。为了更多地接触、观摩和研究各种舞台服装，开阔自己的眼界，他不辞劳苦，白天在店铺里忙活，晚上就到一个业余剧团去当演员，亲身接触和体验各种舞台服装。新奇艳丽的舞台服装给皮尔·卡丹留下了难以磨灭的印象，也对他未来的时装设计风格产生了巨大的影响。

就这样，卡丹不断地学习着服装设计艺术，也在不断地提升自己的设计才华，一个未来的时装设计新星正在冉冉升起。

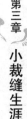

第二节 到巴黎去寻梦

> 人的活动如果没有理想的鼓舞，就会变得空虚而渺小。

> ——车尔尼雪夫斯基

父母看到卡丹虽然在学业上不努力，也没有取得令人满意的成绩，但是他的裁缝手艺却日益精湛，并且在当地有了一定声誉，他们感到一丝宽慰，毕竟，孩子以后不用为生计发愁了，他再也不会像老卡丹那样为了生活而辛苦地奔波。

终于，皮尔·卡丹学徒期满，他可以自由地去做自己想做的服装了。但是，这个时候，羽毛渐丰、心高气傲的皮尔·卡丹却不再满足于做一个小裁缝了，他觉得自己的手艺再好，做的衣服再受人欢迎，这一辈子也只能与剪刀针线为伴，根本不可能获得多大的发展。他时常会回想起自己在学校时参加的各种舞台演出，他发现只有那个时候他才是最快乐的，他也相信自己的舞蹈天赋，只不过没有施展才能的机会。

现在，学徒契约到期了，家里的经济条件也暂时得到改善，正是自己出去闯荡、寻找梦想的时候。于是，皮尔·卡丹决定放弃自己已经在圣莱第昂打下的一片江山，只身到巴黎去闯荡。他坚信，只有巴黎才是他施展全部才华的宽广舞台，只有巴黎才能给他生存的优良环境，只有巴黎才能为他带来幸福，只有巴黎才能使他在事业上走向辉煌。

1938年，在一个深秋的夜晚，皮尔·卡丹把自己的想法和心愿告诉给了父母，他说，自己的理想是当一名舞蹈家，而一辈子做一个裁缝并不是他的追求。卡丹渴望得到父母的支持。幸运的是，卡丹的父母十分理解儿子的心情，也希望儿子有一个美好的未来。父亲和蔼地对卡丹说："孩子，我们支持你的决定，年轻人就该到外面去闯一番。不过你文化水平不高，恐怕要多吃一些苦。现在家里比较困难，我们拿不出钱来给你做路费，你就骑着我的那辆自行车上路吧。"母亲也一再叮嘱他离开家后，一个人生活要懂得自己照顾自己。

得到父母的同意，皮尔·卡丹高兴得不得了，他甚至有些迫不及待，好像一刻也等不及了，只想马上就启程，向巴黎进发，去寻找自己那个美丽的梦想。不久，17岁的皮尔·卡丹含泪告别了父母，带着母亲为他准备的干粮，骑着父亲那辆破旧的自行车，匆匆踏上了从圣莱第昂前往巴黎的路途。

然而，命运似乎故意捉弄皮尔·卡丹，以至于把他引到了另外一条路上。当时，第二次世界大战已经爆发，巴黎正笼罩在战火硝烟之中，到处都是逃难的人群，大街小巷布满了荷枪实弹的德国士兵。巴黎战云密布，早就成了一座死城，普通人根本进不去。即便是进去了，对皮尔·卡丹这样的逐梦人来说也没有任何意义，在战争岁月，保住性命才是第一位的，谁还有心思关心什么时装，更别说观看表演了，就连平时顾客盈门的时装店都关门歇业——人们纷纷逃命去了。

在1940年到1944年间，维希是纳粹德国扶植的维希法国政权的实际首都，这里也是一座水城和度假城市，相对比较宁静。在到巴黎发展的梦想破灭后，皮尔·卡丹不想就这样两手空空地返回圣莱第昂，他要找到自己的人生。下定决心的他于是随着逃难的人群来到了位于法国南部的维希。皮尔·卡丹想："也许维希能够给我一个机会吧？"

来到维希，皮尔·卡丹的第一个感觉是又冷又饿。他第一次远离家乡，没有父母的庇护，在维希举目无亲又身无分文，只能推着破旧的自行车，驮着小旧皮箱，在维希的街道上踽踽独行。

更危险的是，初到维希的皮尔·卡丹差点遭到不测。当时天色已黑，还下起了绵绵秋雨，早已筋疲力尽的卡丹身无分文，饥寒交迫。他正想找一个避雨处，突然，几个德国兵向他冲来，不问青红皂白就把他抓了起来。原来，驻扎在维希的德国人为了防止游击队的袭击，在全城实行了宵禁。卡丹就这样糊里糊涂地被关进了看守所。

皮尔·卡丹在看守所里整整蹲了三天，幸亏他不是犹太人，在被仔细盘问了两天并挨了几拳后，就被放了出来。

这样的遭遇无疑是对皮尔·卡丹的当头一棒，他的理想瞬

间就像肥皂泡一样破灭了。他沮丧地踯躅于维希的大街小巷，他憎恨这场战争，憎恨这个世界，也为自己的不幸流下了悲痛的泪水。自己的理想在什么地方？当初在家乡那个受人欢迎和尊敬的小裁缝到哪里去了？自己施展才能的舞台又在何方？没有人能够回答皮尔·卡丹这些问题，这个迷茫的年轻人，此时又该何去何从呢？

第三节　卡丹的第一份工作

> 强烈的希望是人生中比任何欢乐更大的兴奋剂。
>
> ——尼采

从看守所出来，卡丹过起了流浪生活，他一边四处寻找住宿的地方，以解决自己的食宿问题，一边开始努力地寻找一份适合自己的工作。当一个人连生存都面临问题的时候，他也只能把梦想暂时搁在一旁。所以尽管十分不情愿，但是为了能在维希活下去，皮尔·卡丹还是决定重操旧业。他怀着牺牲梦想的悲壮心情进了一家裁缝店，没想到裁缝店老板却告诉他，店里并不缺少人手。

难道想当一个裁缝也这么难吗？皮尔·卡丹不禁有些心灰

和创造世界名牌的人

一起放飞梦想

Let the dream fly

意冷。有一天，他正在维希街头四处游荡，突然看到一家时装店的橱窗上贴着一则"招募学员"的广告，便决定前去试试。由于精湛的裁剪技巧和高超的时装设计才能，卡丹很顺利地被录取了。生活问题总算解决了，接下来可以好好地施展自己的才华了。卡丹非常庆幸自己找到了一个栖身之地，也为自己当初的选择而感到高兴。

然而，好景不长，一天，卡丹外出去购买布料，当他回到店里的时候，被眼前的景象吓呆了。原来，就在他离开后不久，一颗炸弹将时装店夷为平地，老板也被炸死，幸好卡丹外出，否则也难逃此劫。此后一连几天，卡丹都心有余悸。从此，卡丹又开始了居无定所、漂泊流浪的日子。

在战争年代里，人们不需要时装，而是需要安定的生活。为了生计，皮尔·卡丹当过店铺的伙计、红十字会的会计，甚至当过家庭男佣，而此时，他只能把自己的梦想深深地埋藏在心底。几十年后，卡丹在回忆起这段经历时依然感慨万分："生活是匮乏的，到处是德国人的坦克，没有水、没有吃的，没有歌声、没有欢乐，更谈不上时装。然而，我从不为生长在这个时代而后悔，因为时代锻炼了我，教我懂得什么是艰辛，使我能够用不同于现代人的眼光看待人生。"

好在，天无绝人之路，维希虽然深受战争的影响，但与巴黎比起来还是要稍稍好一些。市面上一些店铺还在营业，特别是市中心，繁华得让皮尔·卡丹简直不敢相信自己的眼睛。

一天，在一家时装店的橱窗里，皮尔·卡丹又看到了一排排时髦的时装样品，他欣喜若狂，立即忘掉了疲劳和饥饿，一头闯了进去。他找到老板，直截了当地说："我能在您这儿工作吗？我干过这个，大家都说我是个挺不错的裁缝。"

老板惊愕地看着他："你现在要到我这儿工作？"

"我可以给您试着做几件衣服。"

"好吧，如果你想做。"在得到老板的允许之后，皮尔·卡丹立即发挥自己的才能，做出的衣服令老板大为惊叹。在得知卡丹的身世和遭遇后，老板非常同情他，也欣赏卡丹的胆识和手艺，尽管店铺深受战争的影响，生意并不景气，但他还是收下了皮尔·卡丹。不过，精明的老板可不做赔本的买卖，他向卡丹提出了一个苛刻的要求：从学徒干起。毕竟，学徒工是没有工资的。

"没问题。"皮尔·卡丹一口应承。此时此刻，对于他来说找一份可以糊口的工作是最重要的，何况又能从事自己喜爱的裁缝工作。他毫不犹豫地答应了老板有些乘人之危的要求，决定暂时在维希落脚，进一步提高自己的技艺，待战争结束后再去巴黎。

第四节 舞蹈家梦想的破灭

> 在幻想中生活的人就像醉汉，双手颤抖，软弱乏力，无所事事。
>
> ——爱默生

皮尔·卡丹从小就喜欢舞蹈，他的理想是当一名出色的舞蹈演员，可是，因为家境贫寒，父母不得不将他送去一家缝纫店当学徒工。

生活暂时安定下来，皮尔·卡丹又开始时时想起他的舞蹈家梦想。尽管皮尔·卡丹也非常喜欢时装，但简单裁缝和时装设计毕竟相差太远，而仅仅是一名学徒的小裁缝，其工作的艰辛枯燥让他甚至一度想过放弃，他要当一名让全世界人都为他喝彩的舞蹈家，他雄心勃勃地要在维希实现自己的梦想。但事情并不像卡丹想象的那样简单，在找工作的日子里，他几乎跑遍了整个维希城，可他因为没有别的特长，除了当一个小裁缝，很难找到其他的机会。

在维希的裁缝店住下来以后，皮尔·卡丹每天都要工作十多个小时。渐渐地，他开始对这份工作感到厌烦，不仅仅因为繁重的工作所得的报酬还不够他的生活费和学徒费，更重要的

是，他觉得自己是在虚度光阴，他为自己的理想无法实现而感到万分苦闷。他甚至认为，与其这样痛苦地活着，还不如早早结束自己的生命。

皮尔·卡丹准备跳河自杀。在那个夜朗星稀的晚上，当他走到河边的时候，面对粼粼波光，不知怎么突然想起了有着"芭蕾音乐之父"美誉的布德里，皮尔·卡丹觉得，只有这个自己从小就崇拜的人，才能明白他这种为艺术而献身的精神。他决定给布德里写一封信，希望布德里能收下他这个学生。

他带着绝望中又可能获得一线希望的心情，冒昧地给布德里教授写了一封信，把自己的苦闷告诉了他，并请求他无论如何要帮帮自己。在信的最后，他写道，如果布德里在一个星期内不回他的信，不肯收他这个学生，他就只好为艺术献身，跳河自尽了。

最后读一遍自己的这封信，卡丹又有些犹豫了，该不该把这封信寄出去呢？如果教授收到信后没有任何反应，自己又该怎么办呢？不！卡丹相信，教授绝对不是那样的人，他一定会帮助自己。卡丹满怀信心和希望地把信寄了出去，此后的日子，他每天都在焦急的盼望中度过。教授的回信什么时候才能到呢？

正如卡丹所想象的，布德里教授是个非常善良和蔼的人，在力所能及的范围内，他愿意给所有向他求助的年轻人一些帮助。同样，他没有让卡丹等太久，很快，年少轻狂的皮尔·卡丹收到了布德里教授的回信。捧着教授的信，皮尔·卡丹欣喜若狂，他以为布德里终于被他的执着打动，答应收下他这个学生了，把信从头到尾读了一遍他才发现，布德里信中并没有提及收他做学生的事，也没有被他对艺术的献身精神所打动，教授在信中只是讲了他自己的人生经历。

布德里说，小时候，他很想当科学家，因为家境贫寒没钱上学，他只得跟着一个街头艺人过起了卖唱的日子……最后，教授说，人生在世，现实与理想总是有一定距离的，在理想与现实生活中，人首先要选择生存，只有好好地活下去，才能让理想之星闪闪发光。而一个连自己的生命都不珍惜的人，是不配谈艺术的。

教授在信中告诉卡丹，学习舞蹈不仅需要极好的天赋，更需要大量的金钱做后盾。如果你的家庭条件不是很好，就不要硬往这条路上挤了，那样，会毁了自己一生的。

教授还劝勉卡丹："如果你十分喜欢舞蹈这门艺术，可以先找一种适合自己的工作干，解决生存问题才是你目前最要紧的。等以后时机成熟了，再去学你热爱的舞蹈也不迟。"

布德里教授的回信让皮尔·卡丹猛然醒悟，他决定放弃当舞蹈演员的梦想，努力学习缝纫技艺。此后，皮尔·卡丹果然把自己全部的心思都扑在了服装设计与经营上。

后来，皮尔·卡丹曾说，自己其实并不具备当舞蹈演员的素质，当舞蹈演员也只不过是他年少时一个虚幻的梦而已。如果当时他不肯放弃当舞蹈演员的理想，那么就不可能有后来的皮尔·卡丹。

是的，每个年轻人都有自己的理想，也都为自己那伟大的理想激动过、苦闷过。不过，只有勤勤恳恳地做好身边的每一件事，脚踏实地地走好人生的每一步路，你才能更快地接近理想。也许有一天，你也会像皮尔·卡丹一样，突然发现其实理想一直伴随在你的身边，只是你没有看到而已。

第五节　维希的头号裁缝

> 幸运并非没有恐惧和烦恼；厄运也绝非没有安慰和希望。
>
> ——培根

走出心理误区，校正了人生航向，皮尔·卡丹一下子看到了光明的前途。以前只觉得枯燥的活儿，现在突然变得如此美妙，一切都显得那样自然、和谐。

从此，皮尔·卡丹开始真正尊重并珍惜裁缝这个职业，既然当不了舞蹈家，做一个裁缝也未尝不可。卡丹听从布德里教授的建议，同时他也决定，既然要做裁缝，就要做世界上最好的裁缝。

为此，他不再好高骛远，而是虚心求教，勤学苦练，每一个细小的环节都不放过。再加上有之前三年的裁缝基础，他很快就掌握了服装设计、裁剪技术和其他丰富的相关专业知识。

经过三年的历练，卡丹很快就成了时装店里最好的裁缝。皮尔·卡丹设计的服饰高雅大方、简洁明快，裁剪技术也运用得娴熟自如，而且相当节省面料。

凭着皮尔·卡丹的精湛手艺以及创新设计，这家小店很快就成了维希当时最棒的时装店，卡丹自己也成了全维希公认的最好的裁缝，很快，他又整天处于达官贵人的包围之中了，找到当年在家乡时的那种成功的感觉。

这段时间，皮尔·卡丹时常抽空去看演员们的表演。此时的皮尔·卡丹早已丢掉了当舞蹈家的不切实际的梦想，他之所以去看表演，并不是为了去追逐舞蹈梦，而是因为他发现舞台时装和其他时装不一样，有自己非常鲜明的特点，给观众第一眼就留下非常深刻的印象。他想，如果能创造性地吸收一些舞台服装的优点，一定能够让自己设计的时装更加吸引人们的注意。因此，皮尔·卡丹特别留心观摩舞台服装，以把握那种给予观众鲜明印象的第一感觉，开阔自己的视野。

这时的皮尔·卡丹早已不是学徒了，老板给了他几倍于其他员工的工钱，而且，只要他答应长期干下去，老板甚至许诺他可以成为自己的合伙人。这些优厚的条件与当时卡丹初来乍到时老板的态度有着天壤之别，这也表明卡丹的技术已得到了不断的提高。

不过，皮尔·卡丹没有被眼前的荣誉所迷惑，他始终没有满足于眼前的成绩，正如他一刻也没有忘记自己充满神奇色彩的巴黎梦，卡丹知道，那里才是真正的时装中心，才是自己施展才华的人生大舞台。但是，这个时候，战争不仅没有平息，反而愈演愈烈，此时踏进巴黎根本就是不可能的，无奈之下，卡丹又在维希待了两年。在这两年中，皮尔·卡丹在维希的名气越来越大，连周边城镇的人也专程驱车前来请他做衣服。

虽然，皮尔·卡丹的生计是不成问题了，但是他看不到自己的出路，整个人活得焦虑、郁闷且沉重。他觉得在这里待得越久，离巴黎就越远，他不甘心自己的梦想就这样变得越来越渺茫。

第六节　伯爵夫人的预言

> 谁在凯旋中征服了自己，谁就赢得了两次胜利。
>
> ——普卜利利乌斯·绪儒斯

自从到了维希后，皮尔·卡丹几乎每天都在梦想着去巴黎。他始终认为，只有巴黎才有可能成为真正的服装设计大师的摇篮，只有到了那里，他才能实现自己平生的夙愿。可是转眼五个春秋过去了，战争非但没有结束的迹象，反而局势越来越严峻。卡丹期待在战争结束后马上前往巴黎的梦想，看来在短期内难以实现了。什么时候才能去巴黎呢？卡丹陷入了深深的苦恼之中。每当苦恼的时候，卡丹就到酒吧去喝酒，借酒消愁。

那天晚上，和往常一样，为梦想无法实现而苦恼不堪的卡丹又一个人去了酒吧。卡丹做梦也没有想到，就在这个平常的夜晚，在这家酒吧，命运让他遇到了一个对于他来说意义重大的人，以至于他的人生从这个夜晚开始，神奇地、悄无声息地拐了一个弯儿，走上了一条辉煌的道路。

卡丹没有注意到，在他举杯独酌的时候，一对绅士夫妇开始注意他、打量他。当他喝至微醺时，那位中年男子带着他的夫人走了过来，笑呵呵地对卡丹说："孩子，你已经喝得够多了。快回家吧，别让你的父母在家等得心急。"

卡丹并不知道，这位绅士是一位身份尊贵的男爵，心里的苦闷也让卡丹一时无法领会对方的好意，于是他非常不礼貌地挥着手驱赶那对夫妇："我愿意喝多少就喝多少，关你什么事？我没有家！"

对于卡丹的无礼，伯爵夫妇并没有生气，相反只是宽容地笑了一笑。伯爵正要离开，一直在打量卡丹的伯爵夫人却走上前去，赞叹地说："孩子，你这套服装真是太时尚了！我敢肯定，我在维希的商店里从来没有见过这样的服装。这不是买的，你是在哪里订做的？"

夫人的赞美让卡丹无比自豪，他骄傲地说："您问这套服装吗？这完全是我自己设计制作的。"伯爵夫人立刻对眼前的年轻人刮目相看："了不起！即使是在巴黎，也没有这样时尚的服装。孩子，你有这样的天分和技艺，过不了多久，你就会成为服装设计界的大师，好好努力，将来说不定全世界都会知道你的名字！"

夫人的一番鼓励，仿佛为沉浸在苦闷中的卡丹打了一剂强心针。他开始认识到，自己一直在从事的裁缝行业，其实就是最适合自己的职业。虽然这一行没有舞蹈演员光鲜亮丽，但是一直以来，这一职业不仅帮助自己解决了最紧迫的生存问题，也是自己最熟悉、做得最好、最受人称赞的。

大概正是从这一刻起，皮尔·卡丹开始正视自己的天赋和才能，开始认定自己适合当一名裁缝，并且有能力当一名好裁缝。他也开始意识到，行行出状元，一个顶尖的裁缝，同样可以扬名世界。卡丹的目光第一次看向遥远的未来，他仿佛看到，自己亲自设计制作的服装，钉上与自己同名的商标品牌，销往世界各地，让各国人民都知道：法国有一位优秀的裁缝，他的名字是皮尔·卡丹。

伯爵夫人的一番话，拨开了卡丹眼前的迷雾，不过，更让他惊喜的是，伯爵夫人愿意为他搭一座桥，介绍他进入全巴黎最有名的服装店帕坎女士时装店学习。伯爵夫人原籍巴黎，家境破落后迁居到维希。她曾是帕坎女士时装店的常客，久而久之，与经理建立了深厚的友谊，介绍卡丹去那里学习，对于她来说并不是什么难事。

在维希，皮尔·卡丹没有一个真正的朋友，顾客和老板只注重他的手艺，很少有人关心他内心真正的想法。伯爵夫人的一番肯定令卡丹振作，她的好心帮助更令卡丹十分感动。来到维希以来，第一次，皮尔·卡丹完完全全敞开心扉，一五一十地把自己的身世和梦想向伯爵夫妇和盘托出。伯爵夫人爱怜地看着眼前这个年轻人，她抚着皮尔·卡丹那身自己设计和制作的衣服，鼓励道："孩子，相信我，只有天才的时装大师才能做出这样漂亮的衣服。你要有信心，你一定会成为这一行业里最优秀的一个，这是命里注定的。"伯爵夫人说着就拿出纸和笔，把自己的好友——巴黎帕坎女士时装店经理的姓名和地址写下交给皮尔·卡丹，并说："等过了这段时间，路上太平了，你就去巴黎找他，他一定会帮助你的。"

在皮尔·卡丹心目中，伯爵夫人就像一位天使，把他最需要的东西送给了他。在常人眼中的那近乎荒唐的预言，那一刻却像一把火，重新点燃了卡丹日渐冷却的生命激情。当皮尔·卡丹走出这个小酒吧时，他的头高高地昂了起来，步子迈得轻松而有弹性。

"我要离开这儿，我一定要去巴黎，"卡丹在心里一遍一遍地对自己说，"我一定要成为一个著名的时装设计师，一个世界上最好的时装设计师。"

理想的火焰再次在他心中燃起，不过，这次去巴黎不是追逐舞蹈梦，而是要寻找时装梦。在伯爵夫人的鼓励下，皮尔·卡丹已不再甘心当一个出色的裁缝，而是要做一个伟大的时装设计师。

pierre cardin

第四章　　时装设计之路

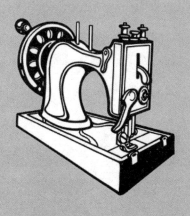

■ 第一节　叩开巴黎的大门

　■ 第二节　在帕坎女士时装店的蜕变

　　■ 第三节　师从夏帕瑞丽

　　　■ 第四节　顶级设计师迪奥的助手

　　　　■ 第五节　人生发展的新起点

pierre cardin

第一节　叩开巴黎的大门

> 伟大的作品不是靠力量,而是靠坚持来完成的。
>
> ——约翰逊

　　1945年底，皮尔·卡丹毅然辞去维希时装店的工作，顶着凛冽的寒风，再次迈上了去往巴黎的道路。这一次，他终于叩开了巴黎的大门。

　　23岁的卡丹，甩动着纤细的臂膀，昂首阔步，坚定地走在巴黎的大街上。天儿很冷，刺骨的北风呼呼地吹着，好像要把他吹出巴黎，吹回到法国乡下，可是皮尔·卡丹迎着风大声地宣布："我来了就再也不走了！嗨，伙计，别使傻劲儿了，没用的。"

　　当走过埃菲尔铁塔的时候，卡丹不禁停下脚步，抬头打量着这座举世闻名的巴黎地标性建筑。它的壮观恢弘，让卡丹深深地叹服，同时也激起了年轻人心中的豪气：总有一天，我要让我的名字像埃菲尔铁塔一样，响彻世界，成为法国最著名的一个标志。想到这里，卡丹不禁又拿出离开维希以前伯爵夫人写给他的那张小纸条，仔仔细细地把上面的地址又看了一遍：

福布尔·圣奥里大街。这个地址，其实早已深深地印在卡丹的脑海里了，之所以一次次地拿出来看，是因为他心中还有许多不确定的事情，比如说，他不知道伯爵夫人的这位朋友到底是个什么样的人，他愿意帮助自己吗？更重要的是，经历了连年的战火，他还住在原来的地方吗？如果找不到他，自己又该怎么办呢？

虽然这些疑问困扰着皮尔·卡丹，但是他绝不会放弃。

在这座完全陌生的大都市里，皮尔·卡丹一路走一路问，坚定地向着心目中的圣殿前进。终于，当皮尔·卡丹又拦住一个路人，打听福布尔·圣奥里大街在哪里的时候，一切好像是冥冥中注定的一样，那个路人正是帕坎女士时装店的经理——皮尔·卡丹要找的人。

当被卡丹问到帕坎女士时装店的时候，经理立刻表明了自己的身份，这让皮尔·卡丹欣喜若狂。他连忙拿出伯爵夫人的介绍信，看完信以后，经理热情地把皮尔·卡丹带回了时装店。经理问皮尔·卡丹："夫人过得好吗？"皮尔·卡丹简单地向他介绍了伯爵夫人的近况，经理告诉皮尔·卡丹说："对于服装，伯爵夫人眼光独到，她是一个很有品位的人。"聊完伯爵夫人这个话题，两个人又聊了许多和服装有关的事情。通过聊天，皮尔·卡丹了解到，帕坎女士时装店成立于1891年，是法国第一家国际性时装公司，专门为一些大剧院设计和制作戏服，在巴黎名气很大。

经理不仅亲自热情接待了这个来自外省的风尘仆仆的青

年，而且亲自对他进行了面试，测试他的手艺，考验他对服装的理解。经理让皮尔·卡丹为莎士比亚的名剧《哈姆雷特》的主角哈姆雷特王子设计一套与雷欧提斯·波洛涅斯决斗时穿的服装。皮尔·卡丹对这部戏剧太熟悉了，他在学校的时候就参加过演出，当时还用简陋的材料为剧中的每个角色设计了服装，当然，其中最多的就是为主角哈姆雷特王子制作各式各样的服装。所以，这道题根本难不住皮尔·卡丹，他不仅三下五除二就裁剪出了一套服装，而且非常符合剧情人物的需要，这不禁让经理大吃一惊。

刚刚见到皮尔·卡丹的时候，经理认为，这个貌不惊人的乡下青年，充其量也不过会缝制一些基本式样的衣服，是一个保守的裁缝而已，但卡丹一出手，他立刻就被眼前这个年轻人精湛的技艺完全征服了，尤其是皮尔·卡丹对舞台服装的别具一格的把握和设计，使他不敢相信这样的作品竟然出自于一个外省的年轻人之手。综合来看，这个青年在造型的设计、色彩的把握、结构的勾勒、布料的选取方面都有一定的成就，说是"成就"也许还不够，甚至可以谈得上"造诣"了。

这个资深的时装设计师对眼前的年轻人刮目相看，他当即决定留下皮尔·卡丹："孩子，留下吧，好好干，你会成为巴黎最好的时装设计师的。"

皮尔·卡丹太高兴了，多年努力终于没有白费，靠着自己精湛的技艺，他终于为自己赢得了在巴黎发展的一点空间。皮尔·卡丹告诫自己，一定要在这里实现自己的"巴黎梦"，同

时也要把自己推上服装设计的前沿。

从此，皮尔·卡丹开始了在巴黎的服装生涯，从人生的另一个新起点出发，迈出了他前进的脚步。在这里的点点滴滴，都为皮尔·卡丹日后成为举世闻名的服装设计大师奠定了深厚的基础。皮尔·卡丹的前途、命运与事业将要从这里开始，一颗灿烂的新星将要在这里诞生。

第二节　在帕坎女士时装店的蜕变

荣誉在于劳动的双手。

——达·芬奇

皮尔·卡丹日夜向往着巴黎，现在，他终于如愿以偿，不仅来到巴黎，而且顺利地进入了国际性时装公司帕坎女士时装店，又做着自己喜欢的事情，此时的卡丹意气风发，斗志昂扬。巴黎的时尚业远非维希可以比拟，各种时装款式轮番登场，各种时尚潮流倏忽来去，卡丹瞪大了眼睛去看，敞开心灵去吸收、学习。他突然发现，自己虽然手艺精湛，但充其量也只能算一个小裁缝，对时装设计还远没有入门，要想成为一个真正的服装设计师，必须从头学习。于是，卡丹把以前人们对他的夸赞全部放下，像一个初学者一样，沉下心来，从观摩、设计、绘制、制作开始，一步一个脚印，刻苦钻研，认真向各位设计师们学习。就这样，在帕坎时装店，皮尔·卡丹获得了制作高级时装的初步经验。

那个时候，为了能让自己更快地适应巴黎，把握住巴黎的时装潮流和设计风格，皮尔·卡丹每天至少要工作17个小时。做完时装店要求他完成的工作之后，他又拿出各种时装设计图纸以及与时装有关的书籍，认真学习，潜心研究。

在巴黎这个以浪漫著称的大都市里，皮尔·卡丹却只醉心于并不浪漫的服装设计，他的脑海里除了各种服装设计草图外，几乎装不下任何东西。为了实现成为一名顶尖的时装设计师的梦想，他拒绝了许多东西，那些美丽的诱惑丝毫也没能动摇他对梦想的执着追求。因为卡丹知道，这一切来得太不容易了。经过那么多年的苦苦追寻，自己才站在了巴黎时装设计的舞台上，而一切不过才刚刚开始，如果不付出超越别人千百倍的努力，在这个竞争激烈、人才辈出的舞台上，自己又如何站稳脚跟并放射出夺目的光彩呢？

既不乏对自身的清醒认识，又满怀对未来的美好憧憬，就这样，这个大好青年在花都巴黎埋头学习，努力进取，追求自己的梦想。当然，他的努力没有白费，在不断学习、不断进取的过程中，他的设计才能得到了充分的展示，天赋逐渐被挖掘出来，时装设计水平飞速提高。

就这样，皮尔·卡丹正式接近了自己的巴黎梦。在这个高手云集的前沿女士时装店里，凭借着刻苦的学习和天生的聪

慧，他很快就站稳了脚跟，技艺突飞猛进。现在，他只需要上天再赐给他一个展示自己的机会，他就能让整个世界认识他的价值。

机会总是垂青于那些有准备的人，不久，命运之神又向他张开了双臂。当时，著名的艺术家让·科克托正在筹备拍摄一部名叫《美女与野兽》的影片，他找到帕坎女士时装店，希望该店的设计师能为影片的主角设计服装。时装店经理想起皮尔·卡丹应聘时的表现，极力向让·科克托推荐皮尔·卡丹，最终，对方同意聘请皮尔·卡丹为片中的主角设计服装。

皮尔·卡丹当然不会放过这个千载难逢的机会，根据剧情，他为法国著名演员让·马雷设计了12套不同的戏装。影片在巴黎公映，他设计的刺绣丝绒装一亮相就震惊了巴黎，瞬间美誉如潮。这些服装为《美女与野兽》增添了无限的光彩，皮尔·卡丹也因此一举成名，成为巴黎时装界引人注目的新星。

成功仿佛就这样不期而至，然而，这一切是多么来之不易，其中的辛酸恐怕只有皮尔·卡丹自己才能体会，也只有那些有过类似经历的人才能体会到追寻成功的艰辛。毕竟，服装设计是一门融绘画、美学、设计等多门艺术于一身的精深艺术，而皮尔·卡丹从未接受过系统而正规的教育，14岁时他就已经辍学打工，他只能靠自己去摸索，靠自己的勤奋，自己的天赋，去努力获得以前不曾从书本上获得的东西。他的成功，完全是他自己勤奋自学的成果。

皮尔·卡丹曾说："我从头到尾学设计，从画图、剪裁、试样，直到销售。"其中每一个环节，都是一个心路历程，都是一段心灵的舞蹈。现在，他总算成名了，有了属于自己的杰出作品，自己的梦想快要实现了。但是，怎样才能更进一步，成为一名影响整个服装界的设计师，他要做的还有太多。已经取得的成绩并不能让皮尔·卡丹满足，他要求自己不停地走下去，要走得更远。

第三节　师从夏帕瑞丽

> 天分高的人如果懒惰成性，亦即不自努
> 力以发展他的才能，则其成就也不会很大。
>
> ——茅盾

在帕坎女士时装店，皮尔·卡丹虚心求教，获得了制作高级时装的初步经验。就从这时候开始，皮尔·卡丹的前途、命运、事业在帕坎女士时装店拉开了全新的序幕。

不久，皮尔·卡丹感觉到自己在帕坎女士时装店已经没有了提升的空间，他需要到一个更大的空间和舞台去学习时装设计艺术，他把目光投向了当时非常著名的夏帕瑞丽时装店。

1927年，夏帕瑞丽闯入巴黎时装界，开始在时装领域里创造奇迹。夏帕瑞丽本人有着很高的艺术修养，她用她那天马

行空的想象力和花样翻新的创造力，再加上意大利人的奔放热情，给当时高级时装界盛行的功能主义注入了一股清新的溪流，给巴黎乃至整个法国时装界开拓了新的发展空间。夏帕瑞丽的设计奇而不失高雅，怪而不落俗套，令人耳目一新，满足了第二次世界大战后人们对奢华的渴望和求变的心理，因此吸引了大批上层社会女士们的追捧，就连自负的"时装女王"可可·香奈尔也不得不对她刮目相看。

夏帕瑞丽在时装界的风头甚至曾经一度压倒了领军20世纪20年代时尚潮流的可可·香奈尔，但让夏帕瑞丽万万没有想到的是，风靡20世纪70年代的时装大师，竟是出自她身边的打工仔皮尔·卡丹，是皮尔·卡丹取代了她时装界霸主的地位。当然，这是后话。

20世纪30年代初期，夏帕瑞丽进入了她的黄金时代，公司的年利润已经高达一亿两千多万法郎。夏帕瑞丽拥有26家工厂和两千多名雇员，企业的发展速度令人吃惊。当然，在这令人吃惊的成就背后，是精湛的设计艺术和领先的时装潮流。

一个在巴黎时装界里崛起的新人，不仅很快获得了法国最具权威时装设计大师的称号，还得到了号称"时装女王"的可可·香奈尔的刮目相看，夏帕瑞丽在服装设计方面绝对有独到的见解和体会。皮尔·卡丹想从夏帕瑞丽身上学到更多的设计艺术，他知道，只有有心、勤奋，他一定可以从这位天才的设计师身上学到很多成为顶尖设计师的必备知识，如服装理念、设计技巧以及营销手段等。

皮尔·卡丹再一次如愿以偿。进入夏帕瑞丽时装公司，皮尔·卡丹就像一块海绵遇到了水，拼命地汲取着他需要的知识。外界的任何事情都不能干扰他，尽管此时的他已经到了谈婚论嫁的年龄。

除了服装设计方面的知识，在夏帕瑞丽时装店，皮尔·卡丹还学会了尊重顾客，尽量让顾客满意。有一次，皮尔·卡丹遇到一位十分挑剔的顾客，总是这也不好、那也不行地挑刺儿，终于把年轻气盛的皮尔·卡丹给惹火了，他忍不住冲顾客大声吼了几句，这样一来，顾客更不高兴了，干脆拂袖而去。这件事后来被夏帕瑞丽知道了，她就像一头愤怒的狮子，完全没有一点儿女性的温柔，把皮尔·卡丹狠狠地责骂了一通。这件事，皮尔·卡丹深深地记在心里，后来更经常提起，用自己的亲身经历教育手下的员工，无论什么时候都要尊重顾客，因为顾客就是上帝。

这就是皮尔·卡丹，时刻不忘学习，而把个人的荣辱得失暂时放在一边。正是因为有这样的精神，他才能一步步完善自己，提高自己，最终成为一个走向全世界的伟大人物。

20世纪30年代，巴黎拥有一大批杰出的设计家，高级时装界可谓人才济济，如维奥内、阿丽克斯、朗万、路易斯、布朗杰、帕杜、莫利内克斯等。在1933年之前，可可·香奈尔在众多的设计家中独占鳌头，在服装界独树一帜，可以说是不折不扣的盟主，直到夏帕瑞丽横空出世，才打破了她一统天下的局面。两位天才的设计师因为激烈的竞争而变得不甚友好，甚

至对彼此都有一层敌意。由于皮尔·卡丹在夏帕瑞丽时装店工作，并且得到了夏帕瑞丽的赞赏，因此，皮尔·卡丹后来的发展也在某种程度上受到了这种不良关系的影响。

不过，正是从皮尔·卡丹在夏帕瑞丽时装店开始工作的时候起，他才真正领悟到时装的魅力。年轻的卡丹踌躇满志，计划向时装界进军。

对于皮尔·卡丹来说，无论在哪个时装店工作，都只是一个学习的过程，都是他在实现自己梦想的路途中不断充实自己、不断提高自己的必经阶段，因此，他不可能长时间地停留在一个地方，因此，当他在夏帕瑞丽时装店工作了一段时间以后，他感觉这里的一切已经束缚了他的手脚，于是他又开始筹划自己的未来。他渴望拥有一个属于自己的空间，任自己去驰骋，去实现抱负。

第四节　顶级设计师迪奥的助手

> 人生至善，就是对生活乐观，对工作愉快，对事业兴奋。
>
> ——布兰登

在夏帕瑞丽时装店里，皮尔·卡丹的设计天分得到完全的挖掘，他的设计水平不断提高，社会声誉也越来越好。不过，皮尔·卡丹并没有被所取得的成绩冲昏头脑，相反他很清醒，他知道自己必须继续学习，只有不断学习，才能不断充实、壮大，在流派纷呈的巴黎时装界，才能占有一席之地。认识到这一点以后，皮尔·卡丹决定拜时装大师克里斯蒂恩·迪奥为师，向这位设计大师学习时装设计，掌握另外一种设计风格。

克里斯蒂恩·迪奥是20世纪最重要的时装设计大师，他的每一场时装发布会都可能引领流行趋势，他在服装款式上的哪怕只是小小的一点改动，都会引起西方世界的骚动，因此，他是第二次世界大战后当之无愧的"时髦"的化身。克里斯蒂恩·迪奥的时装给世界带来的深刻影响，使他无可争议地成为时装界的精神领袖。

克里斯蒂恩·迪奥出生于一个富有的中产阶级家庭，早在学生时代，他就酷爱艺术，但父母不愿意让儿子成为放荡不羁的艺术家。20岁时，迪奥和家庭之间日益尖锐的矛盾终于爆发，他一跺脚走出了家门，迫使父母不得不做出让步，默许了他搞艺术画廊的计划。

后来，迪奥家连遭不幸，家人不得不搬出巴黎，去了法国南部乡下；就在这个时候，迪奥的画廊合伙人也破产了。26岁的迪奥既穷困潦倒，又身染重病。这时，一个乐天派的时装设计师鼓励他画时装画，迪奥大胆尝试，第一次凭自己的创作挣了钱。从此，强烈的创作欲望促使迪奥努力学习时装设计。经过两年的努力，迪奥被著名的服装设计家罗伯特·皮戈纳聘为

女装设计师，开始了自己的时装生涯。

正当迪奥的事业开始走上正轨的时候，第二次世界大战爆发了。为了躲避战争，迪奥不得不离开了巴黎。当他再次回到巴黎的时候，皮戈纳已经另聘他人代替了自己的职位。不过，幸运的是，命运之神并没有抛弃迪奥，而是把他推到了另外一位时装界权威勒隆的身边，在勒隆的帮助下，迪奥终于走上了成功之路。后来，法国纺织、金融巨头马赛·博萨克十分看好迪奥，他帮助迪奥买下了蒙田路30号，帮助克里斯蒂恩·迪奥创办自己的设计室，让迪奥开始了自己全新的事业。

当听说高档服装专家迪奥的设计室有空缺时，皮尔·卡丹立即前去应聘。在迪奥公司门前的八级台阶上，皮尔·卡丹见到了闻名已久的克里斯蒂恩·迪奥。在这以前，迪奥就听说过皮尔·卡丹，见过皮尔·卡丹设计的一些时装，他很喜欢皮尔·卡丹时装设计的风格。或者可以这样说，皮尔·卡丹凭借自己多年累积的经验，以及坚持不懈的努力，加上他本身所具有的对时尚的洞察力，博得了迪奥的喜爱。所以，两个人只进行了几句简单的对话，皮尔·卡丹不仅顺利获得聘请，还有幸成为了迪奥的助手，和迪奥这位20世纪最杰出的服装设计师共同工作。

1947年，皮尔·卡丹作为迪奥公司大衣和西服部的负责人，见证了轰动巴黎的"新造型"的设计和诞生。迪奥设计的"新造型"具有独特的造型线条，以柔美的肩部曲线和细腰长裙为重点，一改二战后单调、笨拙而呆板的军装化女装式样，

和创造世界名牌的人

一起放飞梦想

Let the dream fly

让女性重新焕发了特有的魅力，一扫战争带给人们的压抑、灰暗的格调，将快乐和美再次还给了世界，让世人重新看见了一幅久违而迷人的景象。"新造型"刚一问世，就像旋风般席卷了巴黎和整个欧洲、美国，成为20世纪最轰动的时装改革。克里斯蒂恩·迪奥也成了世界闻名的时装大师，这一切的功劳，都得益于"新造型"。

皮尔·卡丹也非常幸运地亲身经历了"新造型"的诞生，并为"新造型"的问世立下了汗马功劳。当时，皮尔·卡丹正担任迪奥公司的大衣和西装专部负责人，他以此为荣，并终身为之感到骄傲。

天赋的才能和丰富的积淀使皮尔·卡丹在迪奥公司的工作如鱼得水，他仿佛一块浸在水里的海绵，再一次努力地吸取着知识。正所谓"名师出高徒"，在一代宗师迪奥的指点下，卡丹又有了飞跃性的进步，他不仅学会了"高尚、大方、优雅"的时装制作技巧，而且设计水平很快又上了一个新台阶，形成了自己独特的风格，成为巴黎时装界最引人注目的新星。可以说，在迪奥身边学习的这段经历，对皮尔·卡丹今后在服装界的成功起到了不可估量的作用。

不过，尽管皮尔·卡丹十分敬重迪奥，但他有自己的梦想，他不会始终躲在迪奥这棵大树下过悠闲的日子，他要开创出一片完全属于自己的天地。在这种开拓、进取的欲望驱使下，四年后，即1949年，皮尔·卡丹离开了迪奥，去构筑属于自己的王国。

第五节　人生发展的新起点

一切活动家都是梦想家。

——詹·哈尼克

1950年，皮尔·卡丹迎来了他一生中最重要的转折点，也踏上了他人生最辉煌的新起点。这一年，他用自己全部的积蓄在里什庞斯街买下了一家即将倒闭的时装店，独立创办了属于自己的公司。正是从这里起步，皮尔·卡丹开始了为创建自己的时装帝国大展拳脚的岁月。

在公司成立的第一年，皮尔·卡丹就在自己简陋的工厂里首次展出了自己设计的戏剧服装和面具。那些独具创意的戏装和出神入化的面具，征服了蜂拥而至的人们。"这是天工神斧之作！""此物只应天上有，人间岂得窥一面！"行家们赞不绝口。不过，在巴黎这个世界时装之都，一个简陋时装店的小裁缝，要想开创一片属于自己的天空，又谈何容易。

对于皮尔·卡丹来说，一切都才刚刚开始。如何才能更好地展示自己的设计？如何才能让自己的服装吸引人们的眼球？皮尔·卡丹为此绞尽脑汁。一天，皮尔·卡丹经过巴黎大学的门前，一位年轻漂亮的女大学生引起了他的注意。这位姑娘虽然只穿了一件样子平常的连衣裙，但她身材苗条，胸部、臀部的线条十分优美，让皮尔·卡丹顿觉眼前一亮。他立即意识到，如果这位姑娘穿上自己设计的服装，一定会更加光彩照人，也一定会吸引更多人的注意。于是，皮尔·卡丹当机立断，马上邀请这位姑娘来到自己的公司，试穿他亲自设计的时装。当姑娘穿上新衣服出现在皮尔·卡丹面前的那一瞬间，他惊呆了，不知道究竟是衣服把人打扮得更美丽优雅，还是人让衣服变得更立体生动。皮尔·卡丹立即冒出一个新的想法，那就是聘请年轻貌美的女性作为时装模特，专门展示时装。说干就干，他当即聘请了二十多位年轻漂亮的女大学生，组成了一支业余时装模特队，专门展示自己设计的时装。

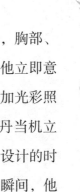

1953年，皮尔·卡丹决定举办自己的首场个人时装展览。因为租不起大型的秀场，地点就选在他自己那个简陋的小铺面里。不过，这并不妨碍皮尔·卡丹展现自己的才华，那色彩鲜明的时装款式新颖，造型多样，充满了浪漫的情调，让巴黎人一见就难以忘怀；更重要的是，年轻的模特在皮尔·卡丹的安排下，踏着明快的音乐款款而来，用自己丰富的肢体语言诠释了服装的魅力，这为皮尔·卡丹的时装增添了无穷的诱惑。首秀结束以后，这批服装一上市，就被抢购一空。没有买到这批时装的名人富豪，有的甚至亲自到皮尔·卡丹的公司来要货。

皮尔·卡丹独立以后的第一场时装展示会轰动巴黎，这次个人时装展览让他占尽风头，世人开始认识皮尔·卡丹和他设计的时装，而他也为自己开辟出一条通往顶级时装设计大师的

道路。整个巴黎的时装界因此而轰动，皮尔·卡丹开始频频出现在各种报纸的显要位置上，购买他时装的顾客们纷至沓来。没有买到的顾客甚至不辞辛劳地驱车找到皮尔·卡丹公司来要货；达官贵人、贵妇名媛们甚至不嫌他的店铺狭小简陋，屈尊亲临店铺。一时间，这间小小的店铺成了时装爱好者最热衷光顾的地方。皮尔·卡丹终于征服了巴黎时装界。

1954年，皮尔·卡丹的第一家时装店正式开张，取名"夏名"，地点是在巴黎市圣君子旧郊区大街118号。如果说皮尔·卡丹在这以前仅仅是一个初露锋芒的时装设计大师的话，那么，在这里，他则成了举世闻名的服装设计巨匠。

大胆突破，始终是皮尔·卡丹设计思想的中心，自从开创自己的品牌以来，皮尔·卡丹在时装界就是一个始终带给人们震撼的人物。

1958年，皮尔·卡丹推出"泡泡裙"，轰动一时，让高级时装界从此记住了他的名字。此后，他连连推出不同式样、不同规格的流行成衣产品，不论是柔软型、轮箍型，还是蘑菇型，皮尔·卡丹设计的时装总是式样新颖、富于青春感、色彩鲜明、线条明朗，可塑感强，他的许多时装被推举为最创新、最美丽和最优雅的代表作。不知不觉中，皮尔·卡丹成为了新潮流的引领者，他的时装成了流行风向标。

皮尔·卡丹凭借独特的创造力和独到的经营眼光，在时装设计领域开拓进取，很快，他就在五光十色、群芳斗艳的巴黎打开了市场，也踏上了自己人生发展的新旅程。

pierre cardin

第五章　时装界的改革

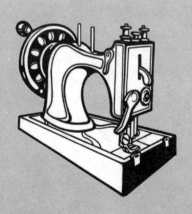

■ 第一节　"成衣大众化"之路

■ 第二节　在逆境中不断发展

■ 第三节　时装改革的领航人

■ 第四节　授权代理销售的诞生

■ 第五节　伟大的卡丹帝国

■ 第六节　"穷人的经营方式"

pierre cardin

第一节 "成衣大众化"之路

人才进行工作，而天才进行创造。

——舒曼

从贫穷的乡下来到世界时装之都巴黎闯天下，皮尔·卡丹一直在为站稳脚跟而努力，作为一个天才的服装设计师，他有很多自己的想法，但是为了维持生计，为了获得大多数人的认可，他不得不暂时把自己的设想放在一边，完全在别人设计好的思路下进行服装设计和创作。这对于具有丰富的想象力和创造力的卡丹来说，实在不是一件愉快的事情。

随着知名度的不断扩大，皮尔·卡丹渐渐在巴黎时装界占据了一席之地，拥有了一定的号召力。他完全可以按照自己的想法去设计时装了，他希望通过自己的努力，开启时装的新纪元。其实，从皮尔·卡丹进入巴黎时装界不久，他就产生了一个离经叛道的想法：只有让时装面对众多的消费者，它才能生存。因为只有扩大了消费者群体，才有可能使时装产生普遍和广泛的作用，也才有可能让它有更宽广的市场与出路。

以前，因为各种条件都不成熟，所以皮尔·卡丹迟迟没有动手，也没有机会动手。现在，他已经站在一个新的人生起点

上，所有的条件都已具备，他可以开始按照自己的想法去设计自己想要的时装。

皮尔·卡丹决心要设计推广普通人都买得起的时装，这是出奇制胜的一着妙棋，在时装界可谓是一种创造性的改革，一场具有划时代意义的时装革命。

在这以前，皮尔·卡丹也许仅仅是一位初露锋芒的时装设计大师，但从做出这一决定的时刻起，他注定要因此而成为举世闻名的服装设计大师，按照自己的设计理想和思路去引领时装潮流和时尚发展。然而，这条路走起来并不平坦，而且充满了艰难险阻。因为皮尔·卡丹的工厂设备简陋且位置偏僻，所以一开始的时候生意并不景气。不过，已经拥有了属于自己的一片天空，皮尔·卡丹又岂会畏惧这些困难！所有的挫折对于他而言都仿佛是一剂兴奋剂，激励着他不断前进，不断创造出一个又一个新的奇迹。

20世纪50年代初，法国的高级时装业是一个特殊行业，它限制极严，顾客有限。那个时候，全巴黎也只有23家服装企业称得上"高级时装公司"，而这些时装公司都是为贵妇名流服务的，有的服装甚至只生产一套，不仅仅是"限量版"，而且是"专版"。

当时，巴黎的时装界被一片珠光宝气所笼罩，时装是贵族的专利，只为少数贵族和富豪服务，普通大众根本不敢也无力问津这些华丽的服饰。这使得时装市场极其有限，出路也越来越狭窄，毕竟，经济状况决定了人们的消费能力。面对这样的环境，身在其中的皮尔·卡丹十分清醒地认识到，这是时装设计上的一个问题，作为服装设计师，需要设计一些符合大众需求的时装。

皮尔·卡丹认为，高级时装只有面向更多的消费者才会有出路；只有扩大消费面，产生普遍和广泛的影响，时装才有可能经受更为有效的考验。于是，他决定出奇制胜，攻破这个陈旧而顽固的堡垒，给法国时装界注入新的活力，让时装成为大众的东西，让更多的人买得起和穿得起漂亮的时装。

这件事情想起来似乎十分简单，一旦真正做起来，却远不是理论上的那么简单，可以说难度相当大。当时，时装的消费理念依然是贵族化，让时装走平民化道路，无论是这样的理念还是这样的行为，在其他时装业界人士眼中无疑是一种严重的离经叛道。因此，当皮尔·卡丹亮出自己的观点并付诸实施的时候，他立即受到了当时整个巴黎时装界人士的指责，人们处处与他为敌，而时装盟主可可·香奈尔更是落井下石。

但是，尽管自己的事业进行得并不顺利，充满荆棘和坎坷，但皮尔·卡丹并没后退，他努力坚持自己的思想，并努力让自己的思想成为产品，展示给大家。无论压力和阻力多大，皮尔·卡丹都没有止步，他知道自己还应该做得更多，创作的欲望激励着他不停地努力。

战后的法国，经济迅速复苏，整个欧洲的社会消费水平大增。大批妇女冲出家庭的藩篱，融入社会生活之中。皮尔·卡丹敏锐地捕捉住这一机遇，毅然提出了"成衣大众化"的口

号，把设计重点放在一般消费者身上，让更多的妇女和男士买得起、穿得上时装。这是一个历史性的突破，不管是从社会意义上看，还是从服装本身的意义上看，都称得上是一个壮举。

1955年，皮尔·卡丹正式向高级时装贵族化进行了挑战。他最先制作出一套白领的红大衣，卖给美国梅西百货公司，并投入大批量生产。这款以美国中产阶级买得起的价格面市的衣服一投入市场就大获成功。梅西百货的成功给了皮尔·卡丹很大的鼓舞，他想，若是将自己设计的服装大量成批出售，这不仅是一条服务大众的通道，更是一条快速致富的通道。

于是，皮尔·卡丹很快又源源不断地推出了一系列物美价廉而又风格高雅、质料舒适的成衣。这些物美价廉的时装深受广大消费者的欢迎，皮尔·卡丹时装店天天门庭若市。与其相比，那些呆板、墨守成规的同行们却生意冷清，店内顾客寥寥无几。

"成衣大众化"在商战中是出奇制胜的妙计，而在服装界则是一种创造性的改革。"成衣大众化"的意义远远超过了它本身的意义，它对整个社会的经济发展、消费结构都产生了深远的影响。

但是，皮尔·卡丹此举在当时却惹恼了思想保守、心胸狭窄的同行，他们群起而攻之，说皮尔·卡丹离经叛道，有伤风化。更令人难以忍受的是，他们竟联手将皮尔·卡丹逐出了巴黎时装女服行会——辛迪加。

第二节　在逆境中不断发展

> 即使断了一条弦，其余的三条弦还是要
> 继续演奏，这就是人生。
>
> ——爱默生

　　面对前所未有的困境，皮尔·卡丹没有屈服，更没有退缩，他连出奇招，进行了一次又一次的创新，攻克和占领了时装界一个又一个阵地。

　　皮尔·卡丹已经掌握了在逆境中抗争的本领，正像他自己所说的："我已被人骂惯了。我的每一次创新，都会被人抨击得体无完肤。但骂我的人，接着又步我的后尘，做我曾经做过的东西。"毕竟，前进的潮流终究是挡不住的，而落后的东西终归要被淘汰，为了生存和发展，设计师必须要顺潮流而动，顺老百姓的需求而动。

　　凭借自己的才华，皮尔·卡丹在服装界与那些顽固派们搏杀。他的努力与坚持取得了显著的成效，法国的成衣设计并没有因为皮尔·卡丹被赶出巴黎女服行会而窒息，并没有因为皮尔·卡丹受到同行的排挤而夭折，相反，它在逆境中不断壮大、发展，使法国出品的成衣风靡世界，成了法兰西文明的一

个象征。

皮尔·卡丹不顾众人的非议，在继"成衣大众化"之后，又掀起了一股男性时装的旋风，充满阳刚之美的男性高级时装，出现在那些被女性时装长期垄断的橱窗里。不久，一批色彩明快，线条简洁，雕塑感强烈的流行服装投向市场，并且获得了巨大的成功。之后，皮尔·卡丹把自己设计的服装推向全球，他的顾客遍及世界各地。同时，他设计制作的时装征服了世界著名的女歌唱家米海依，也征服了肯尼迪总统夫人、当时的法国总统夫人、伊朗皇后……这一连串的成功与征服，离不开卡丹的奋斗和执着。历史在进步，社会在发展，皮尔·卡丹终于获得了成功，在法国时装界确立了自己的地位。

皮尔·卡丹在服装界所取得的成就有目共睹。事实胜于雄辩，再多的攻击、再大的压制也无法抹杀他的努力和成绩。1962年，法国巴黎时装女服行会辛迪加在所有会员的要求下，将皮尔·卡丹重新请了回来，并邀请他出任行会的主席。皮尔·卡丹成功了，从一个一文不名的小裁缝，成为一位可以左右全球时装界的霸者，他的成功充分证明了实力才是成功的唯一选择。但是，皮尔·卡丹不会满足，不会停滞不前，他在服装界大刀阔斧前进的同时，又开始进军饮食行业、汽车甚至是飞机设计行业，凭着不懈的努力，他终于建立起了独一无二的"卡丹帝国"。

皮尔·卡丹对自己的成就十分得意。他说："我在迪奥做设计师时，就立下了一个誓言，等我自己创业后，我的时装不

和创造世界名牌的人

一起放飞梦想

Let the dream fly

仅能穿到温莎夫人身上，而且她的佣人也能买得起。我就是要让我的时装从橱窗里走向大众。"有了大众消费者的支持，皮尔·卡丹什么都不怕。

如果说进取是皮尔·卡丹永远奋斗的动力，那么不畏艰苦就是他不断成功的保证。卡丹帝国就是在这样不断前进、不断与艰难困苦作斗争中成长起来，变得日益强大。这个帝国的缔造者皮尔·卡丹身上那种不畏艰险、勇于进取的精神，也在他辉煌事业的照耀下熠熠生辉，光芒四射。

第三节　时装改革的领航人

> 对于创新来说，方法就是新的世界，最重要的不是知识，而是思路。
>
> ——郎加明

很长一段时间以来，法国虽然号称世界的"时尚中心"，但它的时装业却一直重女轻男，这导致众多的服装设计师都只把眼光盯在女性时装上，对男装很少涉及。男装在整个法国时装界的地位无足轻重。这是在法国的时装界延续了数百年的传统，没有人提出过异议，更没有人想过去改变，仿佛从上帝创造出亚当和夏娃的那一天起，就用种种装饰让夏娃装扮

出婀娜的风韵，而给亚当几片树叶和一块兽皮，让他用来御寒遮羞就已经足够了。

在皮尔·卡丹之前，没有人试图要破坏这个传统，但是，有着意大利血统的皮尔·卡丹却不信这个邪，他立志要打破女装一统天下的局面。于是，继"成衣大众化"后，皮尔·卡丹以充分的自信和惊人的才华，再一次打破常规，出人意料地掀起了一股男性时装的旋风，在那些女性时装长期垄断的橱窗里，开始出现充满阳刚之美的男性高级时装。

对此，时装界的保守人士照例又掀起了第二轮群攻之势，但是皮尔·卡丹充耳不闻，他把注意力都集中在了流行时装的设计上。皮尔·卡丹设计的男装，如无领夹克、哥萨克领衬衣、卷边花帽等，为男士装束赢得了更大的自由性和随意性。那时候，甲壳虫乐队人手一件的皮尔·卡丹式高纽位无领夹克衫成为20世纪60年代时髦男子的必备。这种夹克与高领套头羊毛衫一起穿着时，不经意中透露出一种悠闲而不失雅致的风貌。

不久，一批色彩明快、线条简洁、可塑感性极强的男装在此起彼伏的叫骂声中投向了市场，并获得了巨大的成功。那个时代的巴黎青年，追求独特的个性，喜欢张扬的装扮。皮尔·卡丹顺时而动，大胆突破，设计了时代感非常强烈的"P"字牌时装——图文对比和谐、宽窄长短相宜，生气勃勃，豪放洒脱，舒适飘逸而又不失挺拔，让男性拥有独一无二的尊崇感受，因此赢得了大批挑剔的巴黎顾客的赞赏。演艺界名流、社会上层人士、达官显贵争相慕名前来定做，以至于在相当长的一段时间里，皮尔·卡丹男装的收入竟然达到女装五倍，占全部营业额的60%。

不断的变化和创新，使皮尔·卡丹在市场占有份额和利润上都大获全胜。1960年前后，皮尔·卡丹相继开设了两家很有名气的时装零售部："亚当"高级男装商店，专营男装、领带、束腰大衣、运动装；"夏娃"高级女装商店，专营女装、女士内衣。光临的顾客不仅包括那些富豪、贵族，就连当时的法国总统都为之着迷，可见，皮尔·卡丹当时的改革是多么贴近人们的需求。

在冲破男式时装设计的禁区后，皮尔·卡丹再次领导了另一项伟大的改革。他把目光聚焦在儿童服装上，针对童装单调、平淡的传统样式，皮尔·卡丹再次跳出传统思维定式，设计出怪诞离奇、极富幻想力的系列童装。在他设计的服饰上，有各种各样新奇的图案，每一个图案都恰似儿童的梦想，让童装立刻变得新奇起来。就像男装一样，长期以来，很少有设计师关注童装这个领域，于是，皮尔·卡丹设计的童装以迅雷不及掩耳之势，占领了整个欧洲市场，并和法国高级时装一起走向了世界。

这一连串的胜利，给皮尔·卡丹带来了极大的自信，更让他的事业一路高歌。此后，皮尔·卡丹又推出一系列女性秋季套装，以款式新奇、质地柔顺、做工精细见长，成为年轻太太、时髦女郎的抢手货，并再一次轰动整个巴黎。

这一连串的创新设计，令人眼花缭乱、称奇叫绝，也创造了一个又一个奇迹。

皮尔·卡丹的对手们先是惊讶得目瞪口呆，继而佩服得五体投地，即便一些人还在骂皮尔·卡丹，但是，他们也不得不走着皮尔·卡丹的路子开始自己的经营。因为他们都清楚，市场的需求才是企业生产的根本，而没有销售渠道的企业会是一个什么样的状况，他们更是心知肚明。

当世界各大时装品牌纷纷效仿皮尔·卡丹，走上皮尔·卡丹开辟出来的这条道路之时，皮尔·卡丹早已牢牢占据了商业史上最成功的时装品牌的宝座。

就这样，皮尔·卡丹不断创新、一路领先，跑在时装改革和发展的前沿阵地，成为时装改革的领航人、引路人，为时装的革新带来了一次又一次的飞跃，一次又一次地丰富着人们的生活，改变着人们的生活。

皮尔·卡丹对时装领域的发展做出了杰出的贡献，他也因此先后三次获得了法国时装界的最高荣誉大奖——金顶针奖。这个大奖就如同电影界的奥斯卡一样，一个人一生能获得一次就已经是一种殊荣了，但皮尔·卡丹却能连续三次获得，真是无比的光荣和幸运。

第四节　授权代理销售的诞生

> 独辟蹊径才能创造出伟大的业绩,在街道
> 上挤来挤去不会有所作为。
>
> ——布莱克

成为一个伟大的人，或是一个超级富豪，都不是一件容易的事情，只有极少数人才能做到，至于"熊掌和鱼二者兼得"，说起来更仿佛是梦幻中的事，对于一个乡下走出来的小裁缝，更无异于痴人说梦，但是，令人惊叹的是，皮尔·卡丹做到了。

皮尔·卡丹的生活是和创造联系在一起的，大胆突破始终是皮尔·卡丹设计思想的中心。人们对服装的审美是不断变化的，而每一个细微的变化，都会促使皮尔·卡丹产生新的创造力。

皮尔·卡丹不仅在时装设计上敢于打破常规、跳出框框，在公司的经营中也勇于挑战传统，不断创新。皮尔·卡丹是欧洲服装史上第一个使用鳄鱼皮做时装材料的人，此举的灵感来源于好莱坞影片《鳄鱼邓迪》。

不仅如此，皮尔·卡丹还特意聘请影片中的男主角为他做

广告，利用"鳄鱼邓迪"的知名度为他的鳄鱼皮时装走向世界市场打开了通道。在时装界，第一个将自己的名字印在汽车和喷气式客机上的，也是皮尔·卡丹。

在经营方面，皮尔·卡丹同样大胆出新。1968年，皮尔·卡丹提出了"授权代理"概念，即将自己商品的专利卖出去，借此来开拓国际市场。皮尔·卡丹认为，随着时代的发展，报纸、电台、电视等媒体发达，作品被人抄袭在所难免；既然如此，何不顺水推舟地进行"授权代理"呢？这样既能在一定程度上避免别人仿冒自己，同时又能借助他人之手来扩大和提高自己品牌的影响力。

在皮尔·卡丹看来，只要自己的产品销售得好，能够达到预期的销售额，谁来经营和销售都没有问题。事实上，今天我们看到的商品代理制度，很大程度上是源于他的这个"授权代理"理念；也正是这个销售理念，为皮尔·卡丹品牌奠定了无可撼动的地位。与此同时，这也给皮尔·卡丹留出了更多的时间和空间去做其他事情，把卡丹帝国推向又一个巅峰。

在商标授权上，皮尔·卡丹从不计较产品类型，这导致了日本人骑着PC（皮尔·卡丹）牌自行车，德国商店出售PC牌窗帘杆，瑞士有PC牌香烟，韩国盛行PC牌化妆品，中国有PC牌的儿童玩具及床上用品，胡志明市的大街上有PC牌的红色高跟鞋。如果一定要问有什么条件，那么，条件就是只允许好产品使用。

皮尔·卡丹掀起的是一场20世纪大规模的商业革命。如今，全球以卡丹品牌生产的商品，年利润超过12亿美元。皮尔·卡丹领导了这场商业革命，他也是这场商业革命的最大受益者。皮尔·卡丹不仅是60多年来时装界成功的典范，他的名字更是一个闻名全球的品牌，恐怕没有人能准确计算出他名字的全部价值，在他65岁那年，皮尔·卡丹甚至把自己的名字以专利方式转让他人。

第五节　伟大的卡丹帝国

事业常成于坚忍，毁于急躁。

——萨迪

皮尔·卡丹领导了20世纪60年代的世界服装潮流，在法国，他因此而得以与埃菲尔铁塔、戴高乐总统齐名。皮尔·卡丹的成功离不开他的勤奋，他的头脑一刻不停地运转着，他高瞻远瞩，思想超前，在时装设计和企业管理的道路上不断超越自我，不断开拓前进。皮尔·卡丹从来不满足于已经取得的成就，在谈到对未来的畅想时，他的话语中不乏像"野心""意志力"这样让别人听起来觉得不那么舒服的词汇。是的，皮尔·卡丹对企业的未来充满了信心，他毫不讳言地宣称，他要把自己的企业像农民播撒种子一样，播种到世界各地；而他最

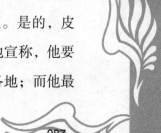

大的梦想，则是在月球上开一家皮尔·卡丹公司，当落成开业的那一天，他要亲自去主持开幕仪式。

这样的奇思妙想，源于皮尔·卡丹喜爱冒险的天性，以及他那丰富的想象力。卡丹给自己取了一个"热爱世界的冒险家"的雅号，而新闻界则称他为"美与艺术的恋人"。其实，称他为"美与艺术的冒险家"似乎更为确切，因为他一直都走在时装设计艺术改革的前沿。

皮尔·卡丹在国际上的主要形象始终为高级时装设计师，他自己也认为时装设计是他一生事业的重点。不过，随着事业的不断拓展，皮尔·卡丹的兴趣已经远远超出了服装设计的范围，卡丹品牌不断延伸，进入多种领域，使卡丹的企业发展成了经营多样化的商业帝国。

从1968年起，在米兰市和威尼斯城，眼尖的消费者发现了皮尔·卡丹专门为这两座城市设计的玻璃制品；此后，人们惊讶地看到，日常使用的收录机、咖啡壶、闹钟、玩具等有了更丰富新颖的造型，而它们的设计者，正是皮尔·卡丹。不仅如此，皮尔·卡丹商标还出现在巧克力、卫生纸、地毯甚至涂料上。作为一名服装设计师，没有人像皮尔·卡丹这样，涉足了如此多样的领域，而且都取得了非凡的成就。不知不觉中，在许多国家的市场上，许多商品，小至锅碗瓢盆、鞋袜衣帽、箱包床椅，大到火车、汽车、游艇、飞机，都挂上了卡丹的牌子。

1968年后，皮尔·卡丹成了世界上唯一一个拥有自己银行的时装设计师，那时，他已经在世界上拥有20多个时装店、6个陈列室；在70多个国家，有150多种商品获得了3500多个许可证。皮尔·卡丹手下有165个工作人员，约有8万人在世界500多家工厂间接为他工作。他甚至在以一年一度的电影节闻名于世的电影城戛纳拥有一个私人码头。

1970年，皮尔·卡丹花费巨资，在巴黎市中心的加勃里埃尔街购买了一套上下三层的纯白色别墅，这座别墅位于协和广场和总统府之间的黄金地段，无论是作为工作室还是作为门店，都是非常理想的选择，但是出乎意料的是，皮尔·卡丹购买它并非为了商业目的，而是将这座花园洋房改造成了一个艺术中心，即"卡丹的艺术中心"，而皮尔·卡丹则习惯称之为"卡丹的空间艺术殿堂"。在这个艺术殿堂里，设有剧场、画廊、电影院、会议厅、表演厅和餐厅，既可以演出戏剧、放映电影，也可以举办画展，以及供艺术家们聚会聊天。皮尔·卡丹曾经非常自豪地表示，"卡丹的空间艺术殿堂"是个"智慧之地"，在这里，他与他的朋友们畅谈艺术、人生，就是这样的思想交流与智慧碰撞，皮尔·卡丹的灵感一再被激发，设计出一套套经典的服装款式。

从1976年开始，皮尔·卡丹进军家具和室内装饰品设计行业，并且在巴黎的福博·圣昂诺莱街上开设了专营商店。大师亲自设计的各类艺术品陈列在宽敞明亮的店堂里，不管是一桌一椅，还是一套餐具、一只钢笔，其构思之精巧，造型之新颖，让人叹为观止，仿佛置身于现代派的工艺品博物馆。应美

国大西洋飞机公司之邀，皮尔·卡丹还特别为一款私人小型飞机设计造型，并用黑、白、红三色条纹装饰机身，使这款飞机仿佛一只巨大的彩色蜻蜓，在蔚蓝的天空展翅翱翔。

1981年，这位从不肯安守时装设计师本分的天才再次做出令人吃惊的举动：以150万美元买下了巴黎濒临破产的马克西姆餐厅。整个巴黎为之议论纷纷，人们普遍不看好这次投资，不少人甚至断言，皮尔·卡丹这次肯定要破产了。

别人怎么说、说什么，皮尔·卡丹根本不放在心上，他只按照自己的计划，一步一步地进行下去。卡丹首先请来装修装饰方面的专家，按照他自己的设计方案对餐厅重新进行装修。墙壁上，一片田园牧歌式的背景中，希腊神话中的美丽女神正露出迷人的微笑。餐厅里，恰到好处地摆放着一些装饰品，为配合这种田园风光，皮尔·卡丹特意选择了线条流畅的精雕木饰，将古风古韵与现代艺术风格完美地融合在一起。

一家餐厅能否吸引顾客，优美的环境固然必不可少，最重要的，当然还是要看它能否为顾客奉上精致的菜品。皮尔·卡丹专门聘请了法国名厨，精心研制推出了许多独具特色的美味佳肴。正如在时装界推广成衣大众化一样，皮尔·卡丹经营的特点就在于，他从来不把顾客群体圈定在一个很小的范围内，经营餐厅当然也不例外，马克西姆餐厅的环境幽雅、菜肴精美，但价格却是普通消费者都能够接受的，而且餐厅全天候对外开放。

消息传出，整个巴黎都为之轰动。要知道，在巴黎，

"马克西姆"一度是餐饮业的一块金字招牌。曾几何时，这家俱乐部式的高级餐厅仅对少数会员开放，不是会员的人根本不予接待。而有资格成为会员的人，非富即贵，这就决定了马克西姆只能是上流社会的社交场所，正因为如此，这家餐厅生意十分冷清，除了晚上有些客人外，白天几乎没有什么人光顾。仅靠少数高端顾客的光顾维持经营，时间久了，餐厅的生意难以为继，面临破产的边缘。

正是在这种情况下，皮尔·卡丹买下了马克西姆的专利，他的目的并非是把它作为法国烹调艺术的标志而珍藏起来，恰恰相反，他要利用这块金字招牌招财进宝，把它变成一个能产生高额利润的工具。他把"成衣大众化"的经营理念移植到马克西姆餐厅的经营上，决心让这家曾经高高在上的餐厅走大众化道路。此举一出，顾客如潮水般涌来，花费不多，自然人人都想一睹神秘的马克西姆的真面目，人人都想尝尝做高级的"上帝"是什么滋味。

销售渠道就这样轻而易举地打开了，重新开业的马克西姆迎来了一个空前巨大的消费市场。结果，在那几年法国经济衰退、失业人数有增无减的情况下，巴黎的马克西姆餐厅仍然生意兴隆。事实证明，皮尔·卡丹的思路是对的，"马克西姆"这块金字招牌的加盟，拓宽了皮尔·卡丹品牌的领域，提升了其品牌的品质。

随着马克西姆餐厅营业额的逐月上升，皮尔·卡丹又将分店开设到了世界各地。此时的皮尔·卡丹早已不是几十年前那个整天握着剪刀的小裁缝了，他名下的产业，从时装店到酒店，几乎无所不包，就连卫生纸也有"皮尔·卡丹"的赫赫名牌。

皮尔·卡丹曾得意地说："用皮尔·卡丹做品牌的一切都属于我。我可以睡卡丹的床，坐卡丹的软椅，在我设计的餐厅里用餐，用我这个品牌的灯照明……去卡丹剧院看戏，到卡丹展览馆参观，无论我想做什么，都可以不走出我的'帝国'。"

皮尔·卡丹曾经为美国著名的"卡迪拉克"牌豪华轿车设计造型，也为瑞士1800C汽车设计外壳造型。由皮尔·卡丹所设计的服饰用品、化妆品及日用工业品更是不胜枚举，诸如他的香水"第十六系列"和"阿马迪"都是20世纪60年代中期市场上的抢手货。那个时候，到法国去旅游的游客都以买到一顶皮尔·卡丹设计的卷边平顶帽或蓬松便帽为荣。

随着皮尔·卡丹的成功，他终于建立起了属于自己的"卡丹帝国"，而且规模越来越大，涵盖的种类越来越多，不仅有男装、童装、手套、围巾、挎包、鞋、帽，而且还有手表、眼镜、打火机、化妆品。与此同时，皮尔·卡丹还向国外扩张，首先在欧洲、美洲和日本"登陆"，并获得了许可证。

皮尔·卡丹总是在做他人没有做过的事情，在不断地创新出奇，他也因此而被人们视为"先锋"派的代表人物。他在一次次的冒险中不断获胜，最终创造了一个神奇庞大的"卡丹帝国"，而且规模还在不断地扩大。

第六节　"穷人的经营方式"

　　用人上一加一不等于二，搞不好等于零。

　　　　　　　　　　　　——皮尔·卡丹

　　"卡丹帝国"的形成，自然是诸多因素共同作用的结果，不过其中很重要的一个因素就是皮尔·卡丹的个性，是他一旦认准目标便不顾一切要实现的疯狂劲头。这是任何一个成功者都具备的品质，而这个品质在皮尔·卡丹身上发挥到了极致。

　　不论走到世界上的任何一个地方，皮尔·卡丹的日程总是安排得连一根针都插不进去。除非事先预约，否则谁想见他都很难；而一旦与他约好了，你就必须遵守时间，如果误了时间，你就再也没有机会与他见面了，因为皮尔·卡丹最讨厌没有时间观念的人，他也最讨厌把时间花在没有意义的事情上。他说："我的一生，别无他事，只有工作，永远不停地工作，我不喜欢浪费时间。"

　　皮尔·卡丹总结自己的成功经验时认为，他的成功还在于自己那永不枯竭的创造力、高瞻远瞩的思想、一心力争第一的意志以及无畏的冒险精神。皮尔·卡丹说："我要我的企业能

无国界、无人种区别地尽可能触及更多的人……我最大的梦想是能在月球上开一家皮尔·卡丹分店，而且亲自到那儿去主持开幕典礼。"无疑，创造、征服是皮尔·卡丹唯一的乐趣，这就是皮尔·卡丹，这就是整个"卡丹帝国"的统治者的气派。

法国及其他一些西方国家总有人嘲笑皮尔·卡丹是"穷人的经营方式"，因为虽然身为一个庞大"帝国"的总裁，但是皮尔·卡丹总喜欢事必躬亲，所以他总是很忙碌，有时候连安安静静地吃一顿饭的时间都没有。皮尔·卡丹常常把用餐地点选择在他自己的"卡丹空间"的餐厅里，这样做的理由其实很简单，因为方便他一边进餐一边处理公司的事务。卡丹非常善于"挤"时间，有时候，即便是吃一顿饭，他也会把时间分割成几块，利用第一道前菜、第二道正餐、第三道甜品的不同，而分别与三批各不相同的商业人士会晤。

此外，皮尔·卡丹虽然富有，但是他自己的日常生活却极为朴素自然。他不注意粉饰门面，也不喜欢上电视接受采访，连世界各国富豪们摆排场时习惯使用的英国"劳斯莱斯"名车也没有一辆，他自己的头发也都是在家自己理。

皮尔·卡丹是一位伟大的艺术家，也是一位了不起的经营者。他的一些经营方式和管理手段，甚至让人觉得惊异但又不得不叹服。例如，在电脑已经逐渐普及的今天，在他的企业管理中固然离不开电脑，但也同样离不开原始的纸笔记录。按皮尔·卡丹的要求，每天，他的一位女秘书和一位会计都会把整个卡丹公司的营业数字清清楚楚地抄写在30册供小学生使用的笔记本上，然后整整齐齐地摆放在皮尔·卡丹的面前。

在今天看来，这样的方法无疑太落后了，但是皮尔·卡丹坚持认为，这是迅速了解公司业务状况的最有效的办法。当然，他也并不讳言，这是二战期间他在红十字会做会计师时养成的习惯。

除了每天了解公司的营业状况外，其他诸如公司的日常开销、员工的薪金情况等等，一切都由皮尔·卡丹亲自审阅。据了解，皮尔·卡丹每天单支票就要签出三百张，其中为员工发工资约为一千万法郎。

贵为一个世界知名商业帝国的掌门人，无论大事小事都要亲自过问，这样的经营理念和管理方法让皮尔·卡丹一度受到人们的嘲笑，称他这是"穷人的经营方式"。美国的一位经济记者曾毫不客气地批评皮尔·卡丹的企业"是世界上最混乱、也是职业性缺乏到令人吃惊的程度"的企业，但是对它竟然能"拥有百亿美金营业额"却也不得不表示惊叹。

三十多年来，皮尔·卡丹是这个商业帝国绝对的权威，他说一便是一，说二便是二，从不召开诸如业务讨论会、分析会、交流会征求其他人的意见。如果有人对此提出什么反对意见，他就会理直气壮地说："卡丹企业是我一手缔造的，理所当然是由我决定一切。我对我全球的企业了如指掌，就像母亲对自己的孩子一般清楚。"

与工作上的强硬相反，日常生活中，任何与皮尔·卡丹接触过的人都能感受到他的平易近人，越是面对普通人，他越不

摆名人与富豪的架子。有时候，性格直爽的他甚至不介意袒露自己内心的感受，比如，他并不否认自己时常感到孤独，不过皮尔·卡丹对此有他自己的说法。他说："我喜欢孤独，孤独是我创作的灵感源泉。"的确，人有时候是需要孤独的，孤独时才能安静思考，才会锐意创新，才能发现一个全新的自己。如果你总是凑热闹，赶时髦，那么你是无法引领潮流的。

皮尔·卡丹的创意源源不断，他说，他喜欢在夜深人静时闭上眼睛创作："在无尽的黑暗中，我先想出一些立体线条，一些活跃在空间的抽象图形：圆的、方的、三角的……我再开灯，用笔把它们画下来，然后继续想。等造型决定后，才把模特儿的轮廓套进设计好的时装造型中，就像把花插入花瓶里。"

但是，个体的创造力毕竟是有限的，一个人不可能永远立在时尚的潮头，特别是在式样翻新、瞬息万变的时装界，想独霸世界是不可能的。皮尔·卡丹在时装领域里引领风骚、雄踞世界时装业霸主位置长达几十年，绝对是一个奇迹。

pierre cardin

第六章　社交广泛的设计师

■ 第一节　总统夫人的专职服装师

■ 第二节　与女歌唱家米海依的友谊

■ 第三节　伊莎贝尔的蜕变之路

　■ 第四节　时装模特佩特拉的华丽转身

　　■ 第五节　意大利小同乡戈比·维尼

　■ 第六节　与让纳·摩若心心相印

■ 第七节　撒切尔夫人的专职设计师

pierre cardin

第一节　总统夫人的专职服装师

> 我要告诉你（皮尔·卡丹），你设计的
> 服装真是没话可说的，太棒了！我非常喜欢
> 它们。
>
> ——杰奎琳·肯尼迪

在皮尔·卡丹的时装设计生涯中，最难忘的经历是为美国第35任总统肯尼迪的夫人杰奎琳·肯尼迪设计时装，做她的专职时装设计师。

那年，杰奎琳因病住进乔治敦医院时，慕名约见皮尔·卡丹，想听听他对春装的设想。当皮尔·卡丹带着满满一手提箱的时装样式的素描手稿走进杰奎琳的病房时，他惊奇地看到，病房的墙上挂满了美国最佳时装设计师画的时装素描。

看得出，杰奎琳对这些素描非常欣赏，不过，皮尔·卡丹却没有被这些作品吓住，他相信自己的作品要远远胜过这些设计。因为，皮尔·卡丹此次带去的设计全是特意为杰奎琳·肯尼迪创作的，他确信她能理解他的意图。

皮尔·卡丹向杰奎琳·肯尼迪展示的第一张素描是一件简洁的白色缎子长款晚礼服，这是皮尔·卡丹为杰奎琳·肯尼

迪参加总统就职典礼的庆祝舞会而专门设计的。第一眼，杰奎琳·肯尼迪就被它的朝气、端庄、优雅征服了，她完全领会了皮尔·卡丹传递给她的信息。杰奎琳·肯尼迪发自内心地说："我太满意了。"原来，20世纪60年代是美国历史上最为开放的时代，身为总统夫人，应该把白宫变成全国尊重礼仪和知识的地方，而皮尔·卡丹的设计恰好体现了这一精神。

随后，皮尔·卡丹又展示了另外几张素描，同样受到杰奎琳·肯尼迪的热情赞赏。其中有一张素描是一款简洁的料子大衣配无边圆帽，皮尔·卡丹建议杰奎琳就穿着这套时装出席总统就职典礼。皮尔·卡丹说："夫人，其他女性在那一刻一定都穿着毛皮大衣，而您与众不同，这件大衣将突出您的年轻。"

看到这个设计，杰奎琳·肯尼迪对皮尔·卡丹说："我拿定主意了，你就是我需要的时装设计师。"

皮尔·卡丹说："可是，必须是唯一的，我才能接受。"

"你能完成工作吗？我需要好多时装呢。"

"能，当然能。"之后，皮尔·卡丹将许多个夜晚都花在令他振奋的设计上。也只有到了那个时候，皮尔·卡丹才清醒地认识到，独自完成美国第一夫人的服装设计是一个多么艰巨的任务。他必须一丝不苟并且全力以赴，必须花费大量的时间和精力，但是为了这份荣誉，皮尔·卡丹愿意接受挑战，哪怕付出高昂的代价也在所不惜。

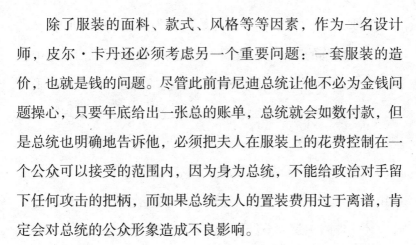

　　除了服装的面料、款式、风格等等因素，作为一名设计师，皮尔·卡丹还必须考虑另一个重要问题：一套服装的造价，也就是钱的问题。尽管此前肯尼迪总统让他不必为金钱问题操心，只要年底给出一张总的账单，总统就会如数付款，但是总统也明确地告诉他，必须把夫人在服装上的花费控制在一个公众可以接受的范围内，因为身为总统，不能给政治对手留下任何攻击的把柄，而如果总统夫人的置装费用过于离谱，肯定会对总统的公众形象造成不良影响。

　　离开医院以后，皮尔·卡丹又来到肯尼迪总统的家中。总统问："卡丹，你和杰姬（杰奎琳的昵称）谈得怎么样？"

　　"总统先生，你好。夫人要求我为她设计所有的服装。"皮尔·卡丹回答。

　　此后，皮尔·卡丹立刻投入到紧张的工作当中，而他所面临的一项最重要的任务，就是为杰奎琳设计一套在即将到来的总统就职典礼上穿着的服装。为了这套服装，皮尔·卡丹在华盛顿度过了不知多少个不眠之夜，终于交出了令他自己满意的答卷。

　　皮尔·卡丹对自己的设计充满信心，但当总统就职典礼真正到来时，人们对杰奎琳·肯尼迪穿着的这套时装反应如此强烈，竟然掀起了著名的"杰姬式样"新潮流，却也让他始料未及。总统就职典礼结束后的几个小时内，"杰姬式样"就像雨后春笋般挂满了各种时装店的货架，新闻界也同时爆发了一场报道大战。

从那以后，皮尔·卡丹开始正式为杰奎琳设计时装。当时，他所面临的第一个问题是要建立起一套组织机构，其中包括一名女领班，一名研究织物及其颜色的助理，一名面料采购员，一名裁剪师，八名制作样品服的缝纫工。他的助理凯·麦克高温在华盛顿安排试穿，并充当肯尼迪夫人和皮尔·卡丹之间的联络员；此外，他还要有一名专门在法国和意大利寻找最好织物的工作人员。只有这样，才能配合皮尔·卡丹进行设计，才能保障把每一个设计都变成一套完美的时装。

每次，杰奎琳·肯尼迪首先向皮尔·卡丹提供所需服装的清单，然后再通过电话讨论一些具体的设想细节，杰奎琳传达完自己期望的效果之后，皮尔·卡丹就开始着手画设计图样和织物样品。当然，有时候皮尔·卡丹也不会完全按照杰奎琳的要求去设计，他会根据当时会议的特点和季节的需要进行一些改动，之后游说她接受自己的建议。一般而言，杰奎琳每次都会定制十套服装。所有的服装设计，都是在皮尔·卡丹的纽约设计室创作完成的，制成衣服后先由一位模特儿试穿，然后，他的助理凯·麦克高温就把样品拿到华盛顿进行最后试穿。

最初的三周，是最"忙乱的阶段"，杰奎琳不断来函来电，催促皮尔·卡丹赶快拿出设计图纸甚至是制作好的服装，因为她已经没有什么衣服可穿了。可是，要知道，杰奎琳要的服装可不是一套两套，那是一个相当可观的数目，皮尔·卡丹承受着很大的压力，因此，他常常处于赶制时装之中。

尽管皮尔·卡丹认为，他们的速度从来没有真正赶上她的要求，不过，很快皮尔·卡丹就能及时地根据杰奎琳·肯尼迪提出的清单，设计和制作出令她满意也令她叹服的时装。仅仅在第一年里，皮尔·卡丹就为杰奎琳提供了一百套服装，在肯尼迪的总统任期内总共拿出了大约三百套服装，这是一个相当可观的数字，一般的设计师是很难完成这样繁重的设计任务的，而这一切，都是皮尔·卡丹一人的杰作。

当然，皮尔·卡丹为此付出的辛劳也不是一般人能够想象的。在肯尼迪和赫鲁晓夫举行美苏首脑会议期间，皮尔·卡丹曾通过空军一号专机，为总统夫人赶运了十套服装到法国和维也纳。甚至在一次暴风雪中，皮尔·卡丹亲自督办，把装满第一夫人服装的十二个大箱子，用出租车从华盛顿的联合机场运送到白宫。

不过，皮尔·卡丹设计并提供的服装也并非十全十美，毕竟图样归图样，服装归服装，所以有时候也会出现其中有一小部分被夫人拒穿，有一部分因为颜色和面料不对而被退回修改的情况。

但是，这并不影响皮尔·卡丹与杰奎琳·肯尼迪之间的友谊。随着工作上的联系，这位长着一双迷人的蓝眼睛，丰满的红唇上总是挂着轻柔微笑的第一夫人，和皮尔·卡丹不再仅仅是顾客和设计师的关系，他们之间因为彼此的了解和欣赏，最终建立了深厚的情谊。杰奎琳·肯尼迪十分珍惜与皮尔·卡丹之间的友谊，她常常通过各种方式，表达对这位天才设计师的欣赏。有一次，总统夫人在出访印度和巴基斯坦期间，特意给

皮尔·卡丹发来贺信，她在信中说："我要告诉你，你设计的服装真是没话可说的，太棒了！我非常喜欢它们。那件白外套可爱极了，它的确是一件杰作。"

夫人对皮尔·卡丹的肯定与欣赏不可避免地影响到了肯尼迪总统，总统对这位设计师的作品也非常认同，他们之间的关系日益密切，这也使得皮尔·卡丹作为总统夫人御用设计师的地位日益巩固。

不过，作为一位富有创造性的设计师，皮尔·卡丹经常会在总统夫人的服装款式上进行一些突破性的创新设计，有时候，这些设计并不符合传统的审美观念，甚至可能是总统夫人以往固有形象的一种颠覆，但是，皮尔·卡丹总有办法说服总统夫人，使她接受新的理念。

有一次，皮尔·卡丹为总统夫人设计制作了一件漂亮的单肩晚礼服，杰奎琳·肯尼迪非常喜欢，但是她却遗憾地表示，总统不会允许她在公众面前裸露出一个肩膀，因为在他看来，这样显得不够庄重。

可是，固执的设计师却十分坚持自己的设计理念，为此他专程登门拜访肯尼迪总统。他以一个专业人士的身份，就从古到今服饰的演变侃侃而谈。他告诉总统，早在三千多年前，类似这种单肩晚礼服的款式就已经被人们所接受，它并不意味着野蛮或轻浮，相反，它使女士显得端庄圣洁。在古埃及，人们甚至还认为这种服装过于保守呢！接着，他话题一转，又谈到古时候，一款新的服装式样，常常是由高贵的皇后或女祭司来确定和推广，而今天，杰奎琳作为美国总统夫人，同样担负着这样的社会责任，只有她不断向前，才能推动整个社会服饰的发展演变。

肯尼迪总统被说服，他点点头说："好。卡丹，你胜利了。"

后来，受夫人和皮尔·卡丹的影响，肯尼迪总统在服装方面的观念更加开明，他甚至允许夫人穿上一件双肩裸露、粉白相间的草边服装。杰奎琳穿上这件服装搭配上披肩，这一身装扮使她在法国爱丽舍宫受到热情的赞赏。

皮尔·卡丹用他那丰富的专业知识、先进的服装理念以及时尚的造型设计征服了肯尼迪总统，总统一有时间，就会和他进行一番长谈，话题涉及方方面面。总统尤其喜欢对皮尔·卡丹的服装设计发表自己的见解，而了解总统的习惯以后，皮尔·卡丹就总是故意制造机会，让总统尽情评论。比如说，他会特意穿一双天鹅绒拖鞋配法兰绒长裤，上身则穿着丝绸衬衫和大红领带，外面套一件蓝色运动服外套，这样的打扮自然给总统提供了许多评论的角度。

皮尔·卡丹对于总统的影响也是显而易见的，他经常鼓励总统要在着装方面更富有创新精神，皮尔·卡丹说："总统时装领域内只有一个真正的男子汉，那就是温莎公爵，您可能是第二位。我可以使您在世界时装方面成为如同杰姬一样重要的人物。"肯尼迪总统表示乐于做出改变，对于卡丹描绘的前景他甚至还有几分好奇。遗憾的是，1963年11月肯尼迪遇刺身亡，没有如皮尔·卡丹所愿，在时装领域做出更重要的贡献。

皮尔·卡丹的事业走进了辉煌时期，他设计的时装不仅征服了肯尼迪夫人，也征服了法国总统夫人、伊朗皇后、日本皇后、英国首相撒切尔夫人，从普通大众到总统夫人，都热衷于购买皮尔·卡丹设计的服装。

第二节　与女歌唱家米海依的友谊

> 友情在我过去的生活里就像一盏明灯，
> 照彻了我的灵魂，使我的生存有一点光彩。
>
> ——巴金

皮尔·卡丹不仅是肯尼迪总统夫人的专职服装设计师，许多著名的歌星、影星也都愿意请他为自己设计时装。法国著名女歌唱家米海依·马蒂厄就是其中一位，皮尔·卡丹时装为她的演出增色不少。

米海依很小的时候就喜欢唱歌，并有"小夜莺"之称。她的歌唱挥洒自如、优美流畅，有人曾以"她生来就是歌唱家"来评价她，的确，这是对她非常中肯的评价。她仿佛时时刻刻都离不开歌声，在家里时会唱，走在路上也在唱，课间休息的时候还在唱，就连参加教堂礼拜时她也会唱上几句。

后来，米海依·马蒂厄遇到了恩师若尼·斯达尔克，她在若尼·斯达尔克的精心培养下，靠着自己的勤奋和努力，一步步走上了明星之路。就在她成为明星的同时，她也深深地迷恋上了皮尔·卡丹的时装，她认为皮尔·卡丹的时装所展现出的精神和风格，正是她的歌声所期盼和追求的目标。这样的时装不仅能增添自己在舞台上的光彩，也能让自己的歌声具有更强的感染力。

几经周折，米海依·马蒂厄终于见到了这位早已享誉世界的服装大师。通过交谈，她更被皮尔·卡丹精彩绝伦、生动而又富有哲理的言论所折服，他对时装的感悟、认识，让她佩服得五体投地。皮尔·卡丹也被这位富有朝气、充满青春活力的年轻歌手所吸引，但他更像是一位年长的父亲，常常和米海依探讨服装的发展，并常常为米海依设计各类服装。从此，俩人结下了深厚的友谊。

每当米海依穿着皮尔·卡丹为她设计的服装去参加演出，获得一次又一次的成功时，就连米海依自己也说不清楚，究竟是自己的歌声打动了观众，还是皮尔·卡丹的服装征服了观众。

随着与皮尔·卡丹的友谊日益加深，米海依的声誉也日渐高涨。一次，她应美国哥伦比亚广播电视公司的邀请，参加"歌曲集锦"节目的演出。这是每个周末播出的最受欢迎的节目之一，大约有五千万电视观众收看。这次，当米海依身穿皮尔·卡丹专门为她设计的红色直筒连衣裙走上场时，虽然她的

歌声还未响起，但观众已经为之惊艳，并报以潮水般的掌声；当米海依的声音响起、回荡时，所有的人都聚精会神地听，目不转睛地看，就连电视台的工作人员都欣喜若狂，惊叹道："水银灯下真是新事物层出不穷！有如此美妙的歌声，更有如此美妙的服装。"

两周以后，米海依小姐使全美洲为之疯狂，无论男女老少都为她倾倒。米海依在美洲获得了极大的成功，她惊喜地给远在巴黎的皮尔·卡丹打电话，激动地说："你能相信吗，你的服装让我征服了美洲大陆！他们与其说是听我演唱，倒不如说是迷上了你设计的服装。"可见，皮尔·卡丹的时装影响力有多大，影响面有多广。

每次演出回国后，米海依都立即赶到皮尔·卡丹的住处，她像一个离家已久的孩子渴望见到亲人一样，渴望见到皮尔·卡丹。两人见面后便有说不完的话，道不完的离别之情。

有一天，皮尔·卡丹专门为米海依准备了一个热闹的庆祝酒会，一些巴黎名流和达官贵人也应邀参加了酒会。在酒会上，米海依穿着皮尔·卡丹为她设计的服装，紧紧地拉住皮尔·卡丹的手，向在场的人们大声宣布："我要为我和皮尔·卡丹之间的友谊和他所设计的服装献上一首歌。"顿时，全场肃静，大厅里响起了婉转、动听的歌声。望着眼前这位时装界的大师，米海依激动得热泪盈眶，用她那美妙的歌声唱出了发自内心的感激之情。

米海依穿着皮尔·卡丹为她设计的服装，走进了她歌唱生涯的辉煌岁月，她的歌唱到哪里，她就把皮尔·卡丹的服装带到哪里；有多少人被她的歌声征服，就有多少人被皮尔·卡丹的服装所征服。无论米海依走到哪里，无论是在皇室成员还是在达官贵人的家里做客，米海依身上的皮尔·卡丹服装，都令那些贵妇惊叹不已。

米海依·马蒂厄后来被选定为象征共和国的半身塑像"玛丽亚娜"的模特儿，这说明法国将最高的荣誉授予给她。米海依·马蒂厄是音乐之神的杰作，同样，她也是时装大师皮尔·卡丹的杰作。

第三节　伊莎贝尔的蜕变之路

勇敢寓于灵魂之中，而不凭一具强壮的
躯体。

——卡赞扎基

皮尔·卡丹是时装设计大师，因此，他在工作中接触最多的还是那些时装模特。在与这些模特的交往当中，皮尔·卡丹成功地塑造了很多世界级模特，让她们的生命变得更加绚丽。

皮尔·卡丹认为，时装是一个固定的艺术，而时装模特是激活时装艺术的载体，她们能赋予时装以生命，让时装变得更

加鲜活，更加立体。因此，他非常重视对时装模特的选拔、培养，甚至很多时装模特都非常幸运地受到过他的亲自指点。

皮尔·卡丹手下的模特中，有一位名叫伊莎贝尔的女孩，她就是一个完全经由皮尔·卡丹调教、培养之后成长起来的国际模特，在她身上，真正实现了丑小鸭到美丽白天鹅的蜕变。

伊莎贝尔的父亲名叫奥巴钦，在她5岁那年，母亲死于肺结核。她那年轻而又喜欢寻欢作乐的父亲则丢下她，独自一人到新大陆美国去寻找乐土，结果却并没有什么大的成就，一直还只是一个旅行推销员，但父亲对伊莎贝尔来说从此杳无音讯。虽然伊莎贝尔早已忘记了父亲的形象，但是她却继承了父亲倔强和不安定的天性，她常说："我自己从来不为处境而烦忧，我乐意接受命运的挑战，乐意驱散它们。"

在孤儿院，伊莎贝尔度过了惨淡的童年。她是个敏感的孩子，因为被遗弃，没有家庭的温暖和亲人的呵护，所以这些在她幼小的心灵中留下了深深的创伤，同时也让她学会了坚强。她在孤儿院呆了两年，然后又在救济院度过两年，在那儿，她学会了针织和社交礼节。10岁那年，年幼的伊莎贝尔在漠林市针织店当了一名店员，从此开始了自己的职业生涯。

尽管童年不幸，但伊莎贝尔依然长成了一个亭亭玉立的冷艳美人，她有着乌黑的头发、修长的身材、楚楚动人的眼睛、小而翘的鼻子，以及一张任性的嘴巴。她的美丽、冷艳和孤芳自赏、自由自在的个性，勾画出一幅新女性的肖像。伊莎贝尔平时很少修饰，衣着平常，喜欢穿藏青色上装和白色衬衣，同20世纪初花枝招展的世风相比，她的穿着别具一格，不同凡响，处处渗透出解放女性的巾帼豪气。

长大后的伊莎贝尔不甘心做一个普通的店员，不满足于现有的生活，她也成了一个逐梦人，就像当初到巴黎寻梦的皮尔·卡丹希望大展宏图一样，梦想成为舞台演员的她，先后在漠林、维希登台演唱，后来又来到巴黎。但在人才济济的巴黎，一个外省人是很难有大作为的。因此，伊莎贝尔除了偶尔参加一些小型演出外，更多的则是徘徊在街头，寻找机会，伺机而出。

一次，当伊莎贝尔看到迪奥服装公司招收模特的广告时，便抱着试一试的心情，走进了迪奥的办公室。在众多佳丽的面前，伊莎贝尔简直不知所措，强烈的自卑感使她失去了勇气。她落选了，不过，这次应聘却让她认识了模特这一行业，与时装模特的职业结下了不解之缘。

不久，当她看到皮尔·卡丹招聘模特时，便毫不犹豫地又报了名。这次，她吸取上次的经验教训，搜集了许多模特资料进行研究，做了大量而充分的准备工作。当她参加卡丹的模特招聘时，尽管她在众多应聘的姑娘中并不显得出众，也不被人看好，但是，皮尔·卡丹还是在众多佳丽中发现了她不一样的气质，并认定这种气质正是他所需要的品质。

于是，皮尔·卡丹毫不犹豫地选择了伊莎贝尔。在他眼中，她就是一块未经雕琢的璞玉，只要自己引导有方、培训到位，她一定会成长为一位优秀的顶级名模。

功夫不负有心人，在皮尔·卡丹的精心培育下，伊莎贝尔开始在法国时装舞台上崭露头角，在各种活动中频频获奖，同时也把皮尔·卡丹服装推向世界。在这个过程中，伊莎贝尔也在不断地成长，终于，皮尔·卡丹把这位"养在深闺人未识"的姑娘精心培养成一位世界名模，实现了丑小鸭向白天鹅的蜕变。没有皮尔·卡丹慧眼识才，没有皮尔·卡丹破格选才，没有他严格的训练和培养，就没有伊莎贝尔的成功。

第四节　时装模特佩特拉的华丽转身

真金在烈火中炼就。

——塞涅卡

世界名模的光环没有改变伊莎贝尔善良的本性，虽然她在事业上获得了空前的成功，但她却并没有因此而骄傲自大、目中无人，相反，她时刻惦记着和自己一块长大的朋友佩特拉。

一天，伊莎贝尔和皮尔·卡丹一起去参加在纽约举行的时装展示会。一路上，伊莎贝尔忧心忡忡，默默无语。皮尔·卡丹以为她有些紧张，但是伊莎贝尔却摇摇头，说她根本不会因为参加时装展示会而感到不安。那么，这位爱笑的姑娘到底为什么看起来闷闷不乐呢？在皮尔·卡丹的再三追问下，伊莎贝尔终于道出了事情的缘由。

原来，伊莎贝尔有一个同她一起在救济院长大的伙伴佩特拉，她们形影不离，感情很深。伊莎贝尔来到巴黎后，也介绍佩特拉来巴黎逐梦。佩特拉身高1.76米，一头金发，体态极美，很快被皮布里科公司时装模特服务社看中，事业蒸蒸日上。很显然，她比伊莎贝尔的运气要好得多。

皮布里科时装模特服务社设在爱丽舍田园大街附近的一幢现代大楼里，时装模特工作的确定、档案的管理、旅行的安排、照片的交换都在这里进行。同样，女孩子们的模特生涯在这里发展，也在这里结束。

佩特拉在模特职业学校受过几个月训练后，开始为一些苏打水做广告。对于一个模特来说，服务社是她注册的地方，一个孤孤单单的少女，没有服务社的帮助，是找不到"生意"的。此外，佩特拉也知道，大家的利益是相互关联的，特别是好处要大家分享，她应当毫无怨言地将收入的大约四分之一送给她的那些监护神。

佩特拉也参加了一些在巴黎各地由"艺术品"购买者或摄影师举行的决定模特命运的聚会。有时，因为在最后时刻露出了不该露的一枚纽扣，一只眼的眼线画得模糊了些，在乘地铁时折断了一个手指甲，笑得太晚或者笑容收得过早，或者胸部和短袖圆领衫的花纹不相配等等，就不会被重用。所以，模特在服装表演时的要求非常严格，确切地说是很苛刻。极小的一

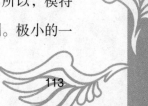

个错误就可能使她们眼睁睁地看着机会从身边溜走。

佩特拉也为一些报刊、杂志做广告。有时，在严寒的冬天，佩特拉却穿着短短的内衣坐在租来的小型卡车上，等候穿着皮大衣的摄影人员慢慢地商量摄影的角度。碰到这种情况，她只能一声不吭地忍受，否则，她的职业前程就要大受影响。她的照片被用于美化包装或是用来印成招贴画，然而，无论模特的形象如何演变，都没有改变模特职业的性质。

佩特拉有时为生活所迫，还要兼职做旅行社女招待，陪伴人们去旅行，充当暧昧的角色，或充当时装商店的中间销售员。很多时候，她强装笑颜，但却掩饰不了隐藏在内心深处的深深的失落感，这是对追求成功而不得的忧郁和哀叹。

不久，佩特拉非常意外地被迪奥公司选中，迪奥公司看中了她高挑的身材、俊美的脸蛋和高雅的气质，决定用她来展示自己的"新造型"服装。"新造型"服装在上市不久就引起了人们的注意，加之佩特拉的杰出表演，它很快就流行开了。随着"新造型"的轰动，佩特拉的声誉也日渐高涨，她一下子成了迪奥公司乃至整个服装界的明星。鲜花和荣誉铺天盖地地向她袭来，压得佩特拉有些喘不过气来。

佩特拉和迪奥公司的合作起初是令人愉快和满意的，迪奥凭借佩特拉取得了良好的经济效益，佩特拉在迪奥的地位如日中天。迪奥本人处处表现出对佩特拉的关心和爱护，同时也流露出对佩特拉的爱恋之情。

可是，好景不长，佩特拉在迪奥的地位很快就被另一位引起轰动的模特取代了。从那以后，佩特拉发现不仅迪奥处处回避自己，甚至连一些大型的服装展示会也没有自己的份儿了，她只能在展示会期间把一套套服装的样品准备好，在模特登台以前负责把必要的装饰用品配备齐全。她仿佛一夜之间从天堂跌到了地狱，从模特界消失了，人们在惊叹又一颗明星升起的同时，已不再想起昨日的明星了。佩特拉在忧伤和悲愤中离开了迪奥公司，她终于病倒了。

听完伊莎贝尔的介绍后，皮尔·卡丹非常同情佩特拉的遭遇，当即决定雇用佩特拉，让这个曾经的模特新星再次升起。一个空前绝后的计划很快就在皮尔·卡丹和伊莎贝尔乘坐的这架飞机上酝酿成熟了，佩特拉日后在模特界的成就，也成为皮尔·卡丹职业生涯中的得意之作。

从纽约回到巴黎后，皮尔·卡丹见到了这位虽然面带病容，但仍然风姿绰约、充满青春气息的佩特拉，这一次具有历史意义的见面，成了佩特拉人生命运的一个转折点。

皮尔·卡丹一直认为，一个好的时装模特能够赋予时装以生命，能够恰当地表现出不同时装的风格。20世纪30年代那种矫揉造作的模特，已经被年轻的、具有运动员风度的模特所代替。正是皮尔·卡丹的这种对时装的超前认识，成就了佩特拉辉煌灿烂的一生。当然，时装设计师的个人爱好，也决定了他会选择什么样的模特。对于皮尔·卡丹来说，佩特拉和伊莎贝尔正是他最为中意的人选，他要亲手把她们培养成能充分展现自己个性和特色的超级模特。

皮尔·卡丹为她们制定了严格的训练计划，除了对仪表和举止的训练外，更注重对她们的内在气质和素质的培养。他把时装模特儿的美看作是一种本能的自然美。他要让时装模特把他所需要的自然美和青春美全部展现出来。

通过皮尔·卡丹的精心培养，佩特拉和伊莎贝拉都成了红透时装界的超级模特。而她们对这位天才设计师的最好回报，就是用她们的方式，赋予卡丹服装以新的生命，使这位服装界的大师在成功的道路上一路扬帆远航。

第五节　意大利小同乡戈比·维尼

感恩是精神上的一种宝藏。

——洛克

皮尔·卡丹一生弟子不多，意大利小同乡戈比·维尼是他最喜欢的弟子之一，也是他最成功的弟子之一。

能成为皮尔·卡丹的弟子无疑是一件极为幸运的事，世界上不知道有多少人碰破额头，都磕不开他那扇紧闭的大门，而有的人却在极其偶然的情况下达成了这一心愿，例如戈比·维尼。他能成为皮尔·卡丹的弟子，还得归功于那位不知名的苏联名模的推荐。

戈比·维尼是皮尔·卡丹的意大利同乡，自从他对服装设计产生兴趣，就成了皮尔·卡丹的崇拜者，一心想要拜到这位大师的门下。但想敲开皮尔·卡丹那扇紧闭的门，成为皮尔·卡丹的弟子，对于他这个无名小卒来说无疑难似上青天。不过，戈比·维尼很幸运，他偶然认识的一位来自苏联的名模帮助了他。多年以后，戈比·维尼对她仍然感激不尽。

这位名模在皮尔·卡丹手下干了许多年，与皮尔·卡丹私交甚好，皮尔·卡丹对时装设计艺术的不懈追求令她深为感动，或者也如传言所说，女孩还曾为皮尔·卡丹神魂颠倒了一阵子。认识戈比·维尼以后，这位名模对小伙子印象特别好，于是她主动向皮尔·卡丹推荐，皮尔·卡丹答应对戈比·维尼进行考验。

当时，戈比·维尼在美国一家名不见经传的商场当小雇员，皮尔·卡丹让他写一篇文章，谈谈对当时美国春夏季时装的看法，以此来考察戈比·维尼对时装的感悟力。戈比·维尼明白机会来了。他马上全身心地投入到文章的创作中去，花了两天时间完成了作业。

后来这篇文章刊登在《巴黎时装报》上，被业内人士引为经典。戈比·维尼是这样写的：

"美国各服装商店春、夏季服装展览的一项指导原则就是多样性。新近生产的女式衬衫、夹克衫等均有新的变化，通常由亚麻布制作，亚麻布是今年春夏季节的织物'明星'，顾客们并不在意它会起皱褶。由于美国服装设计师对式样的要求

和创造世界名牌的人

一起放飞梦想

是：不复杂而又大方，因此无饰边的服装广为流行。女式衣裙下摆的贴边就是多种多样的，尽管贴边在今天不再居于举足轻重的地位，但许多妇女仍对其刮目相看。

"春夏女服和套服均有大量供应，最引人注目的是女式衬衫，它已一改从前那种宽松下垂的外观，呈现出细长形。女装样式变化各异，有的配有白色的大领，有的背部收腰成皱褶状，有缚带的女装，多数的彩带都是系于腰下部的。小尺寸的黑色女装也有许多种类，有的长度在膝盖以上，有的领口在背部成皱褶状。

"正为选择服装而谋求指导的妇女们也注意到，短裙今年也流行，如适合劳动妇女穿的配套服装中的短裙以及浅底深格布或耐磨条纹布制的不配套的美观的短裙，均一直象征着'普通人穿的衣服'。由于式样随便的运动服装仍符合当今时尚，所以剪裁过于讲究的套装目前成了日趋消失的品种。

"各种展出的许多服装都是色彩绚丽的，既有鲜艳明快的色彩，也有异乎寻常的淡而柔和的颜色。但总的来说，基本色彩是适中的。黑底白花依然被视为漂亮的，而圆点花纹则颇为流行，且花纹越大越好。这些花纹像条纹一样在春季颇为时髦，备受赞赏。反方向的花纹或大小不同的同一花纹经常被采用，给人以颜色分明或混合印花的印象。夹克衫、背心、女衬衫和裙子的色彩都各不相同，从赤褐色到杏黄色再到淡褐色。不相配的夹克衫和裙子——两者之间在布料或花纹方面互相抵触——给人以随便的感觉。三件和四件一套的内衣的情况也是如此。亚麻布衣服外面罩一件围裙式束腰外衣，这就是一家时装店挑选的新套服。"

这篇文章让皮尔·卡丹对戈比·维尼刮目相看，他从中发现了小伙子对于时装流行趋势的敏感认知和准确把握，虽然目前他的才华还没有淋漓尽致地展现出来，但是如果他能够得到名师的指点，再加上他自身的刻苦努力，那么日后一定能够在服装界大放光彩。皮尔·卡丹可不忍心看到一块璞玉就这样被埋没，于是他亲自为这位小同乡订了机票，让他立刻飞到巴黎来。

这样的好消息让戈比·维尼激动得整夜无眠，第二天他早早爬起来，简单收拾了行李，迫不及待地飞到了巴黎。这个懂事的小伙子没有直接去皮尔·卡丹那里报到，而是先去见了那位苏联名模。为了表达自己由衷的谢意，戈比·维尼不仅请女孩吃了一顿大餐，还送给她一套皮尔·卡丹的高级时装作为报答。

稍事休整后，戈比·维尼到皮尔·卡丹的办公室拜访了这位时装大师。两个人整整聊了一下午，这个下午，是戈比·维尼人生的一个重要转折点，从这个下午开始，他真正步入了时装设计的天地。

两个人的谈话围绕着时装款式的变化进行，皮尔·卡丹不断地提问，而戈比·维尼毫不怯场，面对着心目中的神，他侃侃而谈，力求把自己的见解、理念用最合适的语言表达出来。戈比·维尼认为，服装的款式其实并非是哪一个人随心所

欲就能改变的，而是受到时代要求和社会发展的制约，对于设计师来说，他的工作其实就是进行一些更为细致的修改，比如在服装的颜色或面料上做出改变，以赋予传统以新的生命力。以裙摆的长短变化来说，短裙的出现，就是生活节奏加快的反映，而它之所以受到女性的喜爱，是因为它似乎在某种程度上拉长了女性的青春，它总是让人联想到年轻的少女。不过，并不是所有年龄和体形的女性都适合穿短裙，人们一窝蜂地改穿短裙，反而破坏了它本身的美感，于是，设计师们被迫推出了超长裙。不过，这种裙子不利于行动，显然不适合已经走出家门、走上社会的职业女性穿着，所以它只是昙花一现，很快就被长度适中的传统长裙取代。

谈完女裙，皮尔·卡丹请戈比·维尼谈男装，比如，有人说领带和上衣已经过时了，你怎么看？戈比毫不犹豫地否定了这种观点，他非常明确地表示，领带是男式西装造型中不可缺少的一个配饰，无论潮流如何变化，这一点都不会改变。至于男式西装上衣，它的地位虽然更加稳固，但也并非没有变化。比如说，过去流行厚而重的面料，而现在，轻薄的半毛料材质无疑更受人们的欢迎。

最后，皮尔·卡丹请戈比预测一下近期女装的流行趋势，同时请他对女性的穿着打扮提几点建议。戈比·维尼略微思考了一下，肯定地说，女性服装的款式最近不会有大的改变，端庄雅致的女士套装仍会占据主流。而对于年轻人来说，直线条的运动装非常能够体现青春的活力。多层次服装作为一种潮流，仍然受到多数女性的喜爱，比如说，一件高领细羊毛衫或潜水衫，配无领毛线衫，外面罩一件大衣，这样的组合非常时尚，女性如果能在颜色搭配上更具有创造性，那么无疑更能表现自己独特的个性。从颜色上来看，黑白两色是永恒的流行色。而围巾、三角巾仍然是女性服装搭配中不可缺少的装饰。

皮尔·卡丹对于戈比的回答非常满意，两次考验足以证明，这个小伙子聪明、好学、勤奋，对事情有自己的见解，不人云亦云。皮尔·卡丹很高兴收了这样一个有前途的弟子。

此后，在皮尔·卡丹的指点下，戈比·维尼在时装设计的道路上越走越顺利，最终成为一位大师级的人物。与其他时装设计师不同的是，戈比·维尼的时装设计之路是从男装入手，然后再转向女装的，这当然是受到老师皮尔·卡丹的影响，因为皮尔·卡丹走的也是这样的一条路。戈比·维尼设计的女装不但精于选料，并且裁剪极为谨慎，务求合身。行家都认为，那种把意大利式的在某些部位收小的男装式样移植到女装上，是戈比·维尼的特殊贡献，过去从来没有人尝试过。

戈比·维尼的许多女装设计超群，制作精良，是其他人无法比拟的。虽然他的女式上装问世后曾被大量仿制，但人们能模仿式样，却永远不能像他设计的那么合身。戈比·维尼为妇女提供的套装，不论是挺身直立，还是双手插袋，都能行动自如，非常服帖，一经配套穿上，立刻显出一种特殊的魅力，这在某种意义上使妇女获得了解放。

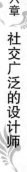

1975年，戈比·维尼公司成立，当时仅有一万美元资金、一名雇员和一间18平方米的办公室。几把椅子、一张供接洽生意兼作餐桌的长桌子，就是办公室的全部家当。戈比·维尼就在那里埋头搞设计，向竞争激烈的服装界发起进攻。戈比·维尼成功了，他荣获了尼曼·马可斯奖，继而又获得克忒·沙克男装奖，终于从一个鲜为人知的雇员变成了一个全球性的新闻人物。

功成名就后的戈比·维尼从来没有忘记过皮尔·卡丹。皮尔·卡丹既是他心目中的神，又是他的授业恩师。在他看来，时装殿堂是因为有了皮尔·卡丹的帮助才为他开放的。

戈比·维尼办公室的墙上，挂着一幅皮尔·卡丹的头像，下面写着"大师与恩师"的字样。戈比·维尼每年都要飞到巴黎去看望老师，和老师探讨时装艺术。让戈比·维尼遗憾的是，皮尔·卡丹在家的时间太少了，他就像一只彩色的蜻蜓，行踪飘忽不定，总是不停地奔走在世界各地的路上，把皮尔·卡丹的时装和艺术带向全球。

戈比·维尼是二十世纪七八十年代意大利的骄傲，他与意大利的白松露拥有同样的声誉。时装是历史的产物，戈比·维尼在衣着款式上的改革曾在时装界引起轰动：智慧而不轻佻，优雅而不炫耀，有风格而不做作，他被誉为是时代的天才。

第六节　与让纳·摩若心心相印

> 没有爱情的人生是什么？是没有黎明的长夜！
>
> ——彭斯

作为法国时装界的名人，皮尔·卡丹的一举一动都受到人们的关注，法国著名妇女杂志《她》这样描写皮尔·卡丹：他的思维活跃，他的眼睛总是望着未来，而不仅仅是现在。也许正是因为这样，皮尔·卡丹看起来多少有些古怪，比如当人们同他谈话时，他看起来总是有些心不在焉，不知道在想什么事情；而当他讲起话来的时候，他的目光忧郁闪烁，仿佛在同空茫的宇宙交谈。

不过对于天才，人们总是表现得很宽容，更何况，虽然皮尔·卡丹性格孤僻，喜欢幻想，但是对于工作，他却是一个不折不扣的实干主义者。很多时候，他都把自己关在那间狭小的工作室里，一心一意地进行设计创作；与此同时，公司的大事小情他也都要亲自处理，即使他因此而被人们嘲笑。

这样一位超级富豪的生活，在人们的想象中一定非常奢华，不过实际情况并非如此，皮尔·卡丹的生活十分简单，除

123

了旅游，他并没有什么其他的爱好。甚至就连他的感情生活，也不像有些名人那样丰富多彩，在他的生命中，只有两个女人和他关系密切，一个是他的姐姐，同时也是他的管家，另一个，则是著名影星让纳·摩若，不过，虽然他们在一起生活了很多年，但是他们最终并没有结成夫妇。也许是因为皮尔·卡丹把大部分时间和精力都放在了工作中的缘故，所以他无暇顾及个人的生活。

皮尔·卡丹和让纳·摩若相识于一场法国时装展示会上。当这位影星穿着一件粉红色的晚礼服出现在人们面前时，仿佛整个展览厅都被她的光辉所照亮。皮尔·卡丹被她的美深深地吸引，他的目光追随着让纳·摩若的身影，一刻也舍不得离开。展示会开始了，皮尔·卡丹惊喜地发现，当身穿自己设计的服装的模特出场时，让纳·摩若的脸上充满了赞赏和惊喜。

当时的皮尔·卡丹已经在巴黎时装界小有名气，而显然，他的名气无法和让纳·摩若这位大明星相比，年轻的让纳·摩若当时已经是法国电影界一位红得发紫的明星，她塑造的银幕形象俏丽、清新，俨然是法国战后一个时期女性形象的楷模。不过，对于坠入爱河的人来说，一切外在的差距都不能成为问题，皮尔·卡丹对让纳·摩若一见钟情。

展示会结束后，经一位朋友引荐，让纳·摩若见到了心仪已久的皮尔·卡丹，她不停地称赞卡丹的设计。当两个人四目相对时，他们意识到，他们相爱了。

此后，这份真挚的爱一直伴随着他们，让他们一起度过了许多难忘的岁月，不过，他们一直没有正式地结为夫妻，这不能不说是一个遗憾。

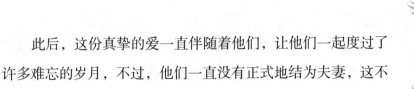

第七节 撒切尔夫人的专职设计师

世界荣誉的桂冠，都用荆棘编织而成。

——贾赖

英国历史上第一位女首相撒切尔夫人虽然素有"铁娘子"之称，但她和其他女性一样，对时装有着非常浓厚的兴趣。她的母亲曾经是一位专业的服装技师，从小的耳濡目染，让撒切尔夫人对于服装的要求非常高，她选择服装，除了要求看起来要赏心悦目外，更加注意服装的剪裁。所以当她喜欢一件服装时，一定要亲自穿在身上，来来回回地走上几步，用心体会这件服装裁剪得是否合体，能不能让人行动自如，相对于照镜子，她更注重自己的感受。除了服装的款式、裁剪，撒切尔夫人对于衬料、装饰配件的组合等都非常留意，因为在她看来，一件做工精良的外套包含着设计师别具匠心的设计。

撒切尔夫人跟着母亲学会了一手缝纫技艺，婚后，只要有时间，她非常愿意亲手为孩子缝制衣服。不过，很长时间以

后，当她有机会亲眼目睹像皮尔·卡丹这样第一流的服装设计师制作衣服样品时，才真正领悟到裁剪技术的真谛。

撒切尔夫人当选首相以后，她每年都会请皮尔·卡丹为她专门设计两套服装。随着交往日久，他们谈论的有关时装的话题也越来越多、越来越专业，撒切尔夫人对时装的领悟也越来越深，以至于到后来，她在时装方面的造诣甚至不亚于一个时装设计师。

在这些交往中，撒切尔夫人与皮尔·卡丹结下了深厚的友情。撒切尔夫人曾经私下对人说，她对皮尔·卡丹有一种对天父般的感觉。而放眼整个世界，除了自己的丈夫，恐怕只有皮尔·卡丹一人能随时随地地自由出入撒切尔夫人的房间。

皮尔·卡丹经常说，时装业只有为消费者的需求服务才能生存，这句话给撒切尔夫人留下了非常深的印象。实际上，任何行业都是如此，只有抓住消费者的需求，才能促进自己生产的发展。皮尔·卡丹深知这一点，于是才有成衣大众化的改革、男装的问世、童装的诞生，因为这些都是市场需要的东西。而要想把时装业做大做强，不仅需要大量资金，而且人力资源同样不可或缺，即使在现代科技不断更新的情况下，像服装设计、面料加工、经营买卖等，仍然需要大量人力，因此，时装业仍将维持其劳动密集型产业的特点。

皮尔·卡丹的观点使撒切尔夫人深受启发。发展服装业，不仅可以缓解就业难题，对于扩大英国服装的影响力同样重要。撒切尔夫人是英国致力于推动服装业发展的第一位政府首脑，在这方面，她做出了很多贡献。如今，英国已成立了英国时装理事会，并通过举办"英国时装周"来为服装业的发展助力。此外，英国还成立了海外时装贸易协会，目的是把英国的时装工业推向海外。

作为一名设计师，皮尔·卡丹不仅为撒切尔夫人设计制作服装，他还常常把自己在时装艺术方面的心得和体会拿出来与撒切尔夫人探讨、交流，并且在不知不觉中改变了撒切尔夫人的一些着装理念，使她获益良多。

撒切尔夫人深知，作为一国的首相，她的个人形象实际上代表了整个英国的形象，而一个人的个人形象如何，很大程度上取决于他的服装。每逢重大场合，撒切尔夫人都会非常精心地挑选服装，她一般不会选择新置的服装，如果实在拿不定主意，她就会千方百计地找到皮尔·卡丹，征求他的意见。而皮尔·卡丹每次给出的建议，总是非常合她的心意。

有一次，她要到美国国会发表演说，想选一套常见的服装，但一定要质量一流、款式经典。最后，经过与皮尔·卡丹商议，她选择了一套浅色的羊毛衫。1984年冬天，当她前往北京签署中英两国关于解决香港问题的《联合声明》签字仪式时，正逢北京大雪纷飞，皮尔·卡丹建议她穿了一套黑色冬装。

细心的人可能都曾留意到，撒切尔夫人非常喜欢佩戴珍珠耳环，这同样是出于皮尔·卡丹的建议。在时界尚驰骋多年的皮尔·卡丹通过仔细观察那些光彩夺目的女子，发现了配饰对

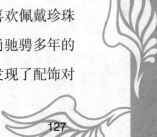

于女性的重要。结合撒切尔夫人的气质、身份，他建议夫人佩戴珍珠耳环。这样，即使你的服装看起来平淡无奇，两颗圆润的珍珠也能让你显得皮肤白净，气度不凡。

随着年龄的增长，一些款式新颖的服装显然已经不再适合年过半百的撒切尔夫人，但对流行的追逐几乎是所有女人的天性，有时候，撒切尔夫人也会犯这样的毛病。于是，皮尔·卡丹就对撒切尔夫人说："既要勇于放弃你所喜爱的但与你年龄不相称的服装，也要勇于穿上可能引起别人议论的服装。"大师的话让撒切尔夫人领悟到，她对服装的要求已不宜像年轻姑娘那样追求时髦，而应着眼于雅致、大方，并且形成自己的风格。

撒切尔夫人开始尝试着对上装进行一些改变，例如换上一件针织女上衣，一件潜水服，或者是一件与上装同色的漂亮短衫；带花边领、蝴蝶结领或带皱褶花边的衬衣也是不错的选择，在颜色上，她有时候会大胆选择与上装对比明显的衬衫，比如"黑白"配。夹克衫搭配裙裤也是撒切尔夫人的独创，后来，皮尔·卡丹设计的一套时装就是受到撒切尔夫人这种搭配的启发。可以说，在时装方面，皮尔·卡丹既影响了撒切尔夫人，又从她那里得到了不少有益的启示。

皮尔·卡丹不仅影响了撒切尔夫人，也影响了整个英国的时装界。在英国，总有人把皮尔·卡丹与撒切尔夫人同时列出来，讨论他们对时装的推动作用。

pierre cardin

第七章　缔造卡丹帝国

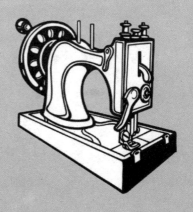

■ 第一节　女警的新装

■ 第二节　卡丹的理念

■ 第三节　对话女记者

■ 第四节　皮尔·卡丹的营销法

■ 第五节　在创新中不断前进

■ 第六节　进军餐饮业再创奇迹

■ 第七节　卡丹的生活

■ 第八节　"我自己就是银行"

pierre cardin

第一节　女警的新装

理论脱离实践是最大的不幸。

——达·芬奇

皮尔·卡丹的祖国意大利是一个高度发达的国家，不仅在艺术、科学和技术上拥有悠久的传统，它的时装业在世界上同样首屈一指，在世界顶级都市米兰举办的米兰时装周是国际四大著名时装周之一，虽然崛起得最晚，但却因聚集了时尚界的顶尖人物而备受瞩目，意大利的优秀时装设计师更是层出不穷。

这一年，在有着辉煌历史的意大利首都罗马，一场制服设计大赛引起了整个时尚界的关注。原来，这一年，恰逢罗马的妇女警察队成立满10周年，为了更好地展现女警们的飒爽英姿，罗马市决定为这支总共600人左右的警察队伍更换制服。不过，究竟什么样的制服能让女警一改旧貌，从而赢得罗马城全体男性公民的尊敬呢？优秀的时装设计师这么多，又该邀请谁来担此重任呢？这件事看似简单，实则令人颇费思量。

想来想去，最后罗马决定举行一场设计大赛。负责城市警务的罗马市政委员和女警恩里卡·皮里一起，制订了一个竞赛

方法。他们决定，邀请五位声名卓著的意大利和法国的时装设计师分别进行设计，然后由女警们进行投票选举，哪一种设计方案得票最多，它的设计师就将获得胜利。

因为皮尔·卡丹曾经在意大利的罗马展示过自己的新式服装，并引起万众瞩目，因此，他也受到了邀请。皮尔·卡丹为女警们设计了一套由挺括的裙裤加海军蓝束带上装组成的制服，此外，还搭配上一件酒红色和金黄色相间的针织套衫。这一设计方案受到女警们的热烈欢迎，报界对此也大为赞赏。吉克西拿出的设计是一件束带皮上衣外加一顶头盔，而著名的芬迪姐妹仍然与卡尔·拉吉费尔德合作，不过令人意外的是，这次他们没有像往常那样使用奢华的皮草，而是设计了一件带有风雪披肩的冬季羊毛大氅，看起来颇为实用。其他设计师也都拿出了自己精心设计的作品，比如米兰市的米拉·会恩和罗马市的芳塔娜姐妹，他们的作品同样各具特色，一时间，倒让女警们有些为难了。1983年7月，所有的设计方案均一一展出，而罗马有关部门也表示，一定会尽快做出选择。

女警们对这些设计方案进行了投票。在圣诞节来临之前，结果终于公之于众。皮尔·卡丹的设计名列榜首，不过吉克西也在优胜之列。这场竞赛出人意料地以平局结束，也许意大利人比较善良，他们不希望在节日期间让某位设计师因落选而大失所望，甚至进而嫉妒心大发。最后，罗马有关方面决定，由皮尔·卡丹提供女警服装的基本式样，由吉克西负责皮件部分。第一批身穿新装的女警预定在罗马建城纪念日，即4

月21日那一天正式走上街头。

时至今日，罗马城的女警们仍然穿着皮尔·卡丹为她们设计的服装，不过，皮尔·卡丹早就想为她们设计一套新警服了，对此我们和女警们同样都很期待。这次以后，皮尔·卡丹开始向制服设计领域发展，他为巴黎市政厅的女招待设计了制服。后来，他还为纽约重新改组的考夫曼·阿斯特里亚电影制片公司设计了长袍式工作服。

皮尔·卡丹在这一领域同样获得了巨大的成功，在某一年，皮尔·卡丹设计制作各种制服的收入占到全年总营业额的80%，他的公司为25家客户缝制了65000套制服。然而，对大多数设计师来说，他们之所以愿意搞制服设计，经济收入固然也是其中一个原因，但却远不如受新闻界的褒扬和使社会公众皆大欢喜等因素那么重要。

皮尔·卡丹说："干这事主要是出于兴趣，而不单是为了赚钱。"只有当设计师们既管设计又负责缝制成衣时，才有大笔的经济收益可言。

第二节　卡丹的理念

只有做喜欢做的事，才能做好。

——科利特

20世纪60年代，皮尔·卡丹的服装以其富于流线感和宇宙观的设计，在整个时装界获得了领导潮流的地位以及压倒性的胜利。皮尔·卡丹勇于开拓创新，敢于向传统挑战，开拓了时装的新领域。

1960年，皮尔·卡丹投资开办的艺术中心与世人见面，这座被卡丹称为"卡丹空间艺术殿堂"的艺术中心设施齐全，不仅有剧场、画廊、电影院，还有会议厅、表演厅以及餐厅，既可以演出戏剧、放映电影、举办画展，又可以供艺术界的朋友举行聚会。这是皮尔·卡丹多年的梦想，为朋友之间的思想交流、智慧交融提供一个舒适的场所。

就是从这个时候开始，皮尔·卡丹开始在世界各地举办自己设计生涯的回顾展。而一旦有闲暇的时间，他则喜欢与弟子们就时装的变迁进行深入探讨。比如说，当他们谈到服装的流行与过时问题时，皮尔·卡丹认为，其实潮流来来去去，是十分自然的事情，没有永恒的流行，不过，当一种潮流被代替以后，它并不会完全消失，而是会留下一个清晰的历史印记，令人时时回忆。就像当你想起路易十五王朝的潮流趋势，脑海中就会很自然地浮出衬有裙环的篮筐式连衣裙；1940年流行的长长的女式衬衣几乎完全把裙摆遮住，而到了1952年，姑娘们的连衣裙变短了；1960年以后，超短裙风行天下。虽然季节的不同会引起款式的变化，但这些变化都很细微，以至于完全湮没在时装的大潮流中。

了解皮尔·卡丹经历的人们都觉得疑惑，这位没有受过太多正统教育的大师，何以对服装的潮流演变有这样深刻的认识，对服装设计艺术有这样精湛的观点？其实这并不难理解，多年以来，皮尔·卡丹一直从事着服装设计的实际工作，同时在工作中不断印证他自学的相关知识，就这样，在理论与实践相结合的过程中，皮尔·卡丹不断提升了自己的美学修养和设计水平。例如，皮尔·卡丹收集了大量从1787年到1936年间的时装图片，然后对图片上的时装尺寸进行仔细研究，进而总结出服装在这近150年间的演变过程中存在的比较有规则的变化节奏，并发现每一个节奏都有相应的服装款式与之相对应。在这个过程中，他还进一步发现，就服装的款式而言，长度和宽度是变化的决定因素。这些研究和认识，对他之后的服装设计起到了深远的影响。

那么，潮流的演变是由谁决定的呢？是由少数几个服装设计师？皮尔·卡丹并不认同这样的观点，在他看来，服饰的变化是同社会生活方式、社会环境密切相关的。上世纪初的几

年，皇室的豪华气派仍为上流社会所缅怀，因此服饰以富丽堂皇为美。到第一次世界大战爆发以前，高级时装店仍只为富人们服务，他们竭力塑造婀娜多姿的妇女形象，比如身穿镶有轻纱花边的衣裙，头戴插着摇曳的羽毛的帽子，戴着珠光宝气的首饰。然而，战争打碎了一切，妇女们纷纷走出小小的沙龙圈子，与活跃的实实在在的生活发生接触。礼服不再是衣帽间里的主要服装，轻松舒适的风格逐渐流行，大家都喜欢穿简洁舒适的服装接待宾客，于是出现了"家庭服装"的浪潮。

年轻人总是喜欢标新立异，而且他们也不喜欢把自己打扮得像过节那样隆重，为了迎合他们的着装品位，于是又出现了故意做旧的蓝色工装裤以及短袖圆领衫，有的甚至还在上面假装打上补丁。

过去惹人笑话的东西，现在竟然成为一种流行。因此，没有真的毛皮也不算什么，用黄色或红色的人造毛皮制作服装，同样受到人们的欢迎。这种对于新奇的追求，就是所谓的"反时髦"吧，不过，1973年以后，服装又回到了比较朴素的式样。宽肩，窄腰，合体而舒适，就是流行的运动服饰的特征。

皮尔·卡丹认为，正因为服饰是现实生活的反映，所以它必然与政治密切相关。比如嬉皮士们喜欢用一块破布、一条破被之类的东西把自己打扮得乱七八糟，以表现他们的随便和自由。在这里，服装是为表达他们的政治思想观点而服务的。他们用这种着装方式表达对资本主义秩序的不满。再比如，过去很长一段时间，服装的演变都是与权力结合在一起的，像路易十四，拿破仑一世、三世，都对服装的款式变化起过裁判人的作用。

每当谈起服装，皮尔·卡丹表现出的健谈和博学总是令弟子们敬佩。有弟子们请皮尔·卡丹对当代时装变化的趋势做出预测，大师谦逊地说，现在要了解清楚当代时装流行趋势还为时过早，不过，他也表示，只要多翻阅几本时尚杂志，就可以画出几种典型的服装轮廓，这几种轮廓在服饰的发展中将起到里程碑的作用。

对于皮尔·卡丹来说，与弟子们畅谈服装的过去和未来，并不仅仅只是经验的传授，更是他本人对服装认识的一次更新。正是在这一次次近似于休息的谈话中，皮尔·卡丹受到新的启发，迸发出新的灵感，从而酝酿设计出一套又一套令人惊叹的服装。

第三节　对话女记者

> 理论是思考的根本，也就是说，是实践的精髓。
>
> ——波尔茨曼

随着皮尔·卡丹的服装设计回顾展在巴黎、东京、伦

敦、纽约等地的举行，越来越多的人对皮尔·卡丹的服装文化产生了浓厚的兴趣，人们渴望走进皮尔·卡丹的内心世界，了解他的思想观点。

有一次，皮尔·卡丹在东京举办演讲，有人问皮尔·卡丹："请问卡丹先生，现在流行什么服装？"皮尔·卡丹没有直接回答这个问题，而是对他说，我建议你下次挑选服装时，千万别只注意服装的局部与细节，而必须注重服装的整体形象。服装首先反映一个人所属的类型，其次还从一定程度上反映了时代的精神。所以当你在挑选服装时，首先要考虑通过服装来反映你所属的类型，然后再去挑选得体的服装，同时也要注意你所处的时代的要求。比如目前，人们普遍喜欢运动款式的服装，因为这一类服装能让穿着者显得精力旺盛，富有青春活力。此外，由于运动服装价格不高，轻盈舒适，同时对季节也没有特别的要求，因此受到不同年龄层人们的普遍欢迎。如果再搭配上一双平跟运动鞋，更让人步伐矫健，看起来充满了活力。

皮尔·卡丹进一步阐释了自己对于流行的看法，并提出"反时髦"的观点。他认为，一种服装款式最初流行的时候，虽然你不一定能发现它的新颖之处，但却常常令你想起几年甚至几十年前的流行趋势。皮尔·卡丹因此认为，服装流行趋势常常是"反时髦"的，所谓"反时髦"，就是说，潮流回环往复，今季的流行，可能并非创新，而是过去曾经风行一时的款式，如今又流行回来了。

不过，皮尔·卡丹也承认，有一些款式的服装虽然从来都不是潮流的主角，但是因为其式样大方而不落俗套，加之面料经济实惠，所以数十年间一直为人们所喜爱。例如，一款名为"沙涅尔"的女式套装，下装为一条以斜纹布制作的裙子，上装为一件式样简单的无领短上衣，腰间系一条装饰腰带，整个造型简洁流畅，落落大方，因而受到各个时代女性的喜爱，流行了将近四十年。而在这种广受女性喜爱的服装款式上进行一些细微的修改和改进，如将"沙涅尔"的女装中的裙子换成时下流行的中长裤，那么它就变成当今最时髦的款式了。面料上也可以进行一些改进，比如改用飘逸的绸缎面料或挺括的针织面料，能营造出不一样的效果。

　　皮尔·卡丹的一番高论，引起了全场经久不息的掌声，人们用这种方式，表达对这位服装大师的崇敬之情。

　　对于服装潮流的演变、服装的搭配等方面的知识，公众非常乐于从大师的口中得到了解，而对皮尔·卡丹来说，只要有机会，他非常愿意和公众分享自己的看法和心得。一次，皮尔·卡丹在纽约进行演讲时，一位《华盛顿邮报》的女记者就时装的标准、颜色的搭配等问题向他提问。皮尔·卡丹笑了笑说，女士们夏天都非常喜欢穿裙子，虽然裙子式样繁多，有西装裙、百褶裙、短裙、连衣裙等不同的款式，但从风格上看，大致可以分为运动款和文雅娴静款两大类。"两百年前，让·雅克·卢梭曾说过，时装以其现实的美点缀着世界。可是，这种美是千姿百态的，有着细微的差别。"皮尔·卡丹

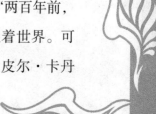

说，以裙装为例，就是为了告诉大家这一点，服装的美没有固定的模式，不过，人们选择服装却有一个基本的准则，即简单大方、和谐统一、舒适美观。对于大多数女性而言，装饰性过多的款式并不为她们所喜爱，相反，她们非常重视服装的颜色、面料的种类以及它是否具有很强的搭配性，所谓流行，不过是对那些经久不衰的服装在细节上进行改造，让它有一点变化，比如颜色、长短或者加上一些装饰。不过，不要小看这"一点变化"，它能使两种款式的服装看起来截然不同。

至于流行服装的颜色，皮尔·卡丹认为，仍以浅色调为主色，不过，诸如蓝与白、蓝与黑、蓝与红等颜色反差明显的搭配，同样受到人们的喜爱。

皮尔·卡丹的话，不仅让场下的听众听得津津有味，更令《华盛顿邮报》的女记者心悦诚服，回到报社，她立刻撰写了一篇赞誉皮尔·卡丹的文章，第二天，《华盛顿邮报》在头版发表了这篇文章。

还有一次，皮尔·卡丹在和一位记者谈话时，针对人们应该如何穿着打扮提出了一些观点和看法。皮尔·卡丹并不喜欢谈论这方面的内容，偶然论及，每一句都可以成为格言，记者如获至宝，立刻记了下来：

在时装设计上，在两种或多种色彩的情况下，面料的等量对比将是很危险的。

服饰打扮可以有一个视觉焦点，也可以有多个趣味中心，关键是注意主次的搭配，上下前后的统一。

成功的服饰并不限于艺术上的完美，还要符合穿着场合的要求。

想要成为现代时髦女性，关键要尽可能减少饰品的佩戴。

线迹、拉链、纽扣、商标本身就是时装上的最佳装饰。

不要盲目地追求时髦，它会扼杀你的个性。

以不变应万变，也是一种穿着艺术。

服装要穿出风格，首先要有自信。

款式是青年人最关心的，做工是中年人最重视的，舒适是老年人最喜欢的。

第四节　皮尔·卡丹的营销法

> 非经自己努力所得的创新，就不是真正的创新。
>
> ——松下幸之助

皮尔·卡丹不仅是一位服装设计师，在产品营销方面，他也有自己独到的心得。他认为，产品一旦打入市场，企业就应当采取多种策略，稳住阵脚，扩充势力，尤其是打入国外较大市场或国际大市场后，先进的管理经验更应该受到重视。皮

尔·卡丹认为，在这方面，目前国际上比较盛行的"渗透"策略，很值得企业家们和营销人员借鉴。

所谓"渗透"，比喻一种事物或势力逐渐进入到其他方面，就经营管理而言，则要求企业管理者有一种见缝插针、勇于穿越的精神，在站稳脚跟的同时，努力扩大自己的"势力"范围。皮尔·卡丹就是一位渗透管理的高手，他能不断地把皮尔·卡丹的服装以及其他产品逐渐向其他国家推广，占领更多国际市场，就得益于他对这种方法的准确运用。因此可以说，皮尔·卡丹不仅是一位服装设计大师，更是一位精明的商人。

不过，这位精明的商人并不小气，就像他总是和大家分享他在服装方面的心得体会一样，他也愿意把自己运用"渗透"策略的手法公之于众，供人们参考。皮尔·卡丹把自己在商战中的战术归纳为以下几种：

其一，研究改进，争取顾客。产品打入国际市场并不意味着万事大吉，相反，这仅仅是个开始，企业应更加注重产品的性能和质量，严格遵守交货时间，不断提高销售以及服务水平，吸引更多消费者来购买自己的产品。

其二，以点带面，扩大地盘。在已有产品的基础上，企业要及时研发系列产品以及配套产品并尽早上市，由点及面，把单一的产品发展成一组或多组产品群。借助某一产品已打开的市场，带动其他相关产品的销售，往往会收到事半功倍的效果。

其三，拾遗补缺，填补空隙。企业家要有敏锐的眼光，能根据不同消费群体的需求差异，发现市场并迅速抢占市场。这一策略的好处就是不会遇到强劲的竞争对手，有时会有出乎意料的收获。皮尔·卡丹在我国成都的经历，就是这一策略最成功的例证。当初，皮尔·卡丹来到中国时，曾一度怀疑地处中国内地的成都是否有能力消费他的高档服装，谁知一到成都，他吃惊地发现，成都人的服装品位很高，对皮尔·卡丹服饰系列的了解和接受都超出了他的想象。

其四，避强击弱，另辟蹊径。在激烈的商战中，企业必须知己知彼，不与力量对比悬殊的对手正面交锋，另外开辟市场，才有可能保存力量，并不断发展壮大。要做到这一点，企业平时必须注意研究市场，收集信息，避免与强敌正面冲突，而在竞争对手力量薄弱的地方抢占市场份额。在这一点上，皮尔·卡丹也做得相当成功，他并不急于在竞争激烈的法国寻求和扩大自己的势力范围。而是从外部市场入手，逐渐向法国市场渗透，最终在这个繁荣的市场占得一席之地。

其五，旁敲侧击，蚕食突破。在竞争对手林立的市场上，企业要懂得避其锋芒，侧面进攻，一点一点地蚕食部分市场；或通过精心准备，不断地以各种方式试探着向市场渗透，在对手完全没有察觉的情况下，攻他个措不及防。

通过这些战术，皮尔·卡丹不断拓宽市场范围，增加产品销路。例如，借助自己创下的金字招牌，皮尔·卡丹开发了多种产品，并普遍获得广泛的欢迎。

第五节　在创新中不断前进

> 知识本身不会使一个人具有创造力。创造力的真正关键在于如何活用知识。
>
> ——罗杰·冯·伊庄

20世纪90年代，休闲装风靡世界，自然也影响了老一代服装设计师们，大势所趋，他们也只有放弃以前固守的风格，谋求新的变化，才能适应市场。出人意料的是，一向对于新风尚持谨慎态度的皮尔·卡丹对这一新生事物却颇多赞誉之词，并且率领自己的集团，积极顺应这一潮流。

因为皮尔·卡丹明白，休闲装的出现与人们回归自然的心态是一脉相承的。当现代人在追求生存权利与幸福生活的道路上奔跑得疲惫不堪时，他们突然发现，自己一度远离的原始的自然界竟是那么迷人。于是，抛弃束缚自身的礼仪，回归自然的美，摆脱写字楼中紧张、刻板、严肃的气氛，享受更自然、更富有活力、更健康、更科学的生活，成了都市人的精神渴望。

于是，白领阶层从笔挺、刻板的职业装、礼服的束缚中跳出来，从自己精心设计、装扮的角色中逃出来，换上个性鲜明、随意自在、浪漫洒脱的休闲服饰，在赢得了虽不十分漂亮但绝对洒脱，虽不曲线玲珑但绝对舒适自然、挥洒自如的感觉的同时，把心中轻松自信的精神文化也炫耀了出来：紧张的生活，我是多么轻松地安排着；沉重的压力，我是多么自如地化解着；作为生活的主人，我也能从社会被动着装的包围中冲出来。

由于休闲服饰在参与和改造现代生活的过程中，不仅将着装者充沛过人的精力、改写刻板生活的能力和经济实力、文化修养等，都在有意无意之中通过外部形象表现了出来，而且以其自然舒适将着装者精神生活中的紧张压抑造成的痛苦释放出来，给浮躁焦灼的现代人以呵护和抚慰，从而使休闲成了现代人的一种炫耀。

一时间，休闲服饰成了衡量一个人的文化素养、审美水平和经济实力的一种新的标准，并成为现代文明社会的一种流行时尚。一种衣饰即是一种思维方式。拥有一定文化素养、一定经济基础、一定生活态度的白领阶层，对社会的消费生活起着一定的引导作用，在自我休闲的过程中，也有责任不断提高自身的文化素质、艺术修养和审美能力，使自己的装束更加大方得体、风度翩翩，并让自己以优雅面目示人，这样才能给社会注入一种尚真、尚纯、尚朴、尚淡的清新之风。

在这样的潮流面前，任何消极的逃避都是不可取的，皮尔·卡丹选择了面对和包容的方法，终于使自己立于不败之地。

和创造世界名牌的人

一起放飞梦想

当年，裁缝界里这位年轻的明星出名以后，便立即打破了一个由来已久、根深蒂固的传统做法，即今天的款式是A，明天是H，后天再翻个花样变成了Y。迄今为止，那些高级裁缝就是这样促使女性去追逐时尚的。皮尔·卡丹却为自己定了一条至今还严格遵守的职业道德：女性是自由的，因而不能再去规定她们穿什么；选择什么样的服装因人而异，明知不适合，不能因为是流行款式就要别人去适应它。但是，皮尔·卡丹的那些年轻的同事却并非如此，他们总是想把今天的女性打扮成昨天歌剧里的英雄，或是打扮成未来的女宇宙飞行员。"他们设法把自己的幻想变成现实，却不为那些穿着他们所设计的服装的女性着想。"皮尔·卡丹从一开始就是这样评论他们的。

令皮尔·卡丹感到自豪的是，几十年来他为女性设计了许多款式大方的服装，这样的服装不会过时，能适应任何季节。这就使得女性能不再受时装的牵制，不必再一个劲儿地赶时髦。因为比时髦更加重要的是风格。风格是不变的。皮尔·卡丹毫不掩饰地承认，他花了十年的时间才找到和确定了自己的风格。他在探索新式样时，立足点总是放在传统的服装上。他认为自己并不是什么服饰的革命家或发明家，而仅仅是位老式服装风格的革新者。

秉持着这种理念，在设计服装的过程中，奥地利的民族服装、阿拉伯的传统民间服装、古代俄罗斯以及古代中国华丽的服装都成了他设计的样板，皮尔·卡丹以它们为基础，在一些细节上做出精致的改变，从而设计出新颖的服装来。

皮尔·卡丹的女装设计还有一个与众不同的创新之处，那就是，他的许多设计方案其实来源于男装的衣柜。他充分地考察和利用了男子服装的特点来设计女装，如男子穿的运动夹克衫、长裤、礼服、双排扣大衣、轻便上装、针织斜纹西装等等。这些穿着舒服而又不受时间限制的男装式样，如今也已经很自然地挂进了女装的衣柜了，不过，在当时，具有男式美的女式服装并不像它们的设计师所想象的那样被人们普遍接受，并且始终普及流行。

皮尔·卡丹说："女青年完全仿效男青年，这有时的确是很不适宜的。我虽然主张平等，但也反对盲目地追求一式一样。因此，我在设计女装时，总是考虑些细节，如通过褶边或用透明的料子作衬托来突出女性的美。"皮尔·卡丹并不注重追求新款式，对于他来说，在设计的过程中完善自己所独有的风格，比其他任何事情都重要。

工作之余，皮尔·卡丹喜欢看小说、听音乐、玩纸牌、写写诗歌或短篇小说。大师的业余生活其实十分简单，因为他把几乎全部的精力都放在了工作上，虽然有时候他也感到孤独，感到疲惫，不过，他不会停下自己前进的脚步。他说："出名使人孤独，我简直是疲惫不堪。设计服装是一种有损健康的职业，甚至是慢性自杀。除了要经营那么多的专利，每年我还得搞四组服装展览，而且每次展出都要设计出新的款式，以证明我所设计的仍是当前最出色的。我将继续奋斗，直到我的生命完结。"

第六节　进军餐饮业再创奇迹

> 机会来的时候像闪电一样短促，全靠你不假思索的利用。
>
> ——巴尔扎克

1971年，因为对服装表演界贡献卓著，皮尔·卡丹荣获意大利奥斯卡奖。1976年，皮尔·卡丹被意大利共和国授予"特等功勋"。1977年至1979年，因设计的服装最富有创造力，皮尔·卡丹两次荣获时装设计的最高荣誉"金顶针奖"。

1981年，皮尔·卡丹再出惊人之举，他买下了靠近巴黎协和广场、皇家路上的著名高级餐厅"马克西姆"。"马克西姆"这个名称，是巴黎餐饮业的一块金字招牌。皮尔·卡丹之所以把它的专利权购买下来，并非仅仅是把它当作法国烹调方法的一个标志而珍藏起来，更要利用它招财进宝，把它变为一件能够产生高额利润的工具。

不过，很多人都认为皮尔·卡丹的做法不合时宜，因而并不看好他的这次投资。因为就在皮尔·卡丹买下"马克西姆"的同一年，11月27日，路透社从美国加利福尼亚州圣塔巴拉市发出一条消息说，在全美国共开设了1114家快餐店的三宝餐饮业集团公司，已在当日入禀法庭，宣告它自愿破产。而在11月初，这家公司在美国46个州开设的一千多家快餐店中，已有447家关了门。美国在1980年和1981年连续两年发生经济衰退，中小企业倒闭之风越吹越猛烈。

皮尔·卡丹在这种情况下进军餐饮业，很多人都认为他这次冒险很难获得成功。但是，让人们大跌眼镜的是，皮尔·卡丹的"马克西姆"餐厅生意兴隆，财源滚滚。人们好奇：皮尔·卡丹让"马克西姆"起死回生的秘诀是什么？

其实并没有什么秘诀，只不过皮尔·卡丹特别精于经营之道而已，不过要做到这一点，没有独到的眼光，不经历商场历练，是做不到的。皮尔·卡丹首先改变了餐厅的定位，把"马克西姆"从只对少数人开放的俱乐部式的高级餐厅，改为大众化的、人人都乐意光顾的快餐店。

皮尔·卡丹认为，如果"马克西姆"餐厅传统的只做少数人生意的作风不改，能够生存下去的机会就很少，但是如果改变作风，走大众化路线，肯定会大有发展前途，"马克西姆"仍将继续是一块金光闪闪的金字招牌。他这样想，也这样做了。结果，在当年法国经济衰退、失业人数有增无减的情况下，巴黎"马克西姆"餐厅仍然门庭若市，其他一些墨守成规、只对少数人开放的俱乐部式餐厅，每天只在晚餐时间较为热闹，早餐与午餐时刻生意清淡，门可罗雀。

按照皮尔·卡丹的计划，此后，"马克西姆"餐厅在世界上更多的城市出现。2012年3月27日，马克西姆餐厅全球第11

家店落户我国安徽省合肥市。90岁高龄的皮尔·卡丹亲自为开业剪彩。这家马克西姆餐厅是中国的第三家连锁餐厅，也是其在继纽约、莫斯科等世界名城之后全球开设的第11家马克西姆餐厅。如果你有机会去巴黎，走在皇家大道上，或许你会发现一家名为"马克西姆"的鲜花店，该店所售的白兰花每枝售价40美元。这家鲜花店以及所在的整座楼，都属于皮尔·卡丹所有。

在皮尔·卡丹的精心策划下，巴黎除了有"马克西姆"餐厅和"马克西姆"鲜花店之外，还有"马克西姆"鲜果店。同皮尔·卡丹的"马克西姆"一样，和他名字联系在一起的还有珠宝、首饰、眼镜架、床单、皮革制品、假发、文具等等，真可谓无所不包，让人不由自主地感叹：皮尔·卡丹，奇人奇才矣！

第七节　卡丹的生活

> 没有人生活在过去，也没有人生活在未来，现在是生命确实占有的唯一形态。
>
> ——叔本华

皮尔·卡丹虽然功名成就，却一直过着十分简朴的生活。这在一般人看来，似乎有些不可思议，但对于皮尔·卡丹来说，这样的生活太真实太自然不过了。平平淡淡总是真，能在平淡中嚼出人生的真味，才是真正杰出的伟人。

皮尔·卡丹终身未娶，一直与自己的姐姐相依为命。凭他的实力，就算每天雇一个连的人马为他服务也不成问题，但在那座与总统府仅一街之隔的旧楼里，至今还仍然只有他们姐弟二人，每天回到家中，皮尔·卡丹还要帮着老姐姐做家务。皮尔·卡丹非常重感情，他有位助理，是日籍的高田美女士，40年来一直陪伴在他身边，在工作上与他密切配合。尽管这位女士看上去已老态龙钟，但皮尔·卡丹每次出面应酬接待，她总是伴其左右。

皮尔·卡丹不仅对人如此，对物亦如此。

他有一辆标致牌汽车，开了20年，被人偷走后，时至今日仍念念不忘，总觉着现在那一辆宝马车远不如以前的那辆标致车称心。其实，这是一种典型的怀旧情结，同他对自己童年的一再追忆如出一辙。失去的都是美好的，明天是好是坏暂且不去管它。

皮尔·卡丹热心慈善，他收养了一对法国夫妇的五胞胎，负担他们的全部费用。如今，五个孩子成长得非常健康。皮尔·卡丹对世界上所有的儿童都怀着深深的感情，这是一种伟大的爱。

每逢皮尔·卡丹外出，身边通常有一矮二高三个人陪伴。第一位就是我们上面提到过的总裁助理、日籍的高田美女

士。她的身高不足1.45米，与皮尔·卡丹合作四十余年，是皮尔·卡丹最贴身的共事人，大小活动她都参加。第二位是高档服装部经理玛丽丝女士，身高1.80米，鼻梁上架着一副黑边大眼镜，言语不多。她年轻时曾为皮尔·卡丹做过多年时装模特，不过，岁月不饶人，到了一定年龄以后，她退出了舞台，进总公司担任了要职。第三位是身高超过1.85米的圣·布里斯先生，他总是戴着一副白色眼镜，当他只有四十几岁的时候，头发就已经白了大半。他管辖的商标代理部，是皮尔·卡丹公司里地位举足轻重的部门，几百项合同都要经过他的手，随手签个名字，就有几百万的收入。圣·布里斯堪称卡丹公司的"老革命"，他一口气干了20年，没有跳过槽。在法国总统府斜对面的那座旧楼里，圣·布里斯陪着皮尔·卡丹进进出出，从一位普通员工，熬成地位如此重要的一位人物。他并未学过服装，开始的时候也不懂经营，他在巴黎大学攻读的是历史与哲学。闲时聊起来，他骨子里最感兴趣的仍然是哲学与社会学。

让人感到不可思议的是，在很长一段时间里，庞大的卡丹帝国只有七位主管和三位助理主管，仅此几人管理着全球性的业务，并没有什么复杂的商业计划，也还没有实现计算机化。所有支票都要由皮尔·卡丹亲笔签字。他不搞股份制，也不追求合资，他也没有合伙人。如果哪一天他一觉不醒，可能没有人接管他的事业。

令人感到奇怪的是，上面提到的卡丹帝国的三大支柱同皮尔·卡丹一样都未曾婚嫁，原因是一个谜。

第八节 "我自己就是银行"

我永远是第一，我讨厌当第二的角色。

——皮尔·卡丹

皮尔·卡丹有胆有识，遇事喜欢思考，从不人云亦云，同时亦不缺少冒险精神。作为西方服装艺术及企业的统一体，他第一个跨入二战后的日本，第一个撞进中国大陆，第一个访问当时仍处于冷战期的莫斯科，第一个踏上亟待开发的越南。皮尔·卡丹就是这样一个敢于第一个吃螃蟹的人，过去是这样，现在仍然是这样，他曾说过："我永远是第一，我讨厌当第二的角色。"

和一般服装设计师不同的是，皮尔·卡丹有一个他们所没有的灵活精明的商业头脑，能够将艺术与商业两个领域内几乎不可能并存的智慧与才能融为一体，这种才能一部分来自于天分，更与他勤于自学和勇于实践密不可分。我们不妨设想一下，如果皮尔·卡丹离开家乡后，没有独自闯荡，而是去读上五年法兰西艺术学院，或六年巴黎大学经济系，从这样一条路上走过来的皮尔·卡丹，还会是今日的皮尔·卡丹吗？绝对不会，他要么只是一位艺术家，要么只是一位企业家。

1992年，一位美国记者采访皮尔·卡丹时，询问他企业成功的秘密，皮尔·卡丹特别强调，创业时需要有一笔雄厚的资金作基础，并自豪地告诉记者："到目前为止，我现有的经济能力已足够让我自由发展，不需向任何银行借钱，看银行脸色，我自己就是银行。"

谁都知道，创业与发展都需要资金，而且多多益善，但是，这笔资金又从哪里来呢？向银行借贷？要知道，无论哪一个国家的银行，都绝非慈善机构，本身也追求赢利与效益，也有自己的计划与指标，对不同层次的客户，自然有不一样的脸色。企业能不看这种脸色当然最好，但是实际上，又有多少企业能像卡丹帝国一样，不用靠银行过日子？

多年来，卡丹公司没有举行过任何有关企业预算或业务计划会议，这一点，令皮尔·卡丹颇受非议。其实，这也是一件仁者见仁、智者见智的事情，但是，衡量一个企业的优劣，主要还是看效益。如果做每一件事都因循守旧，去寻找别人留下的印辙，皮尔·卡丹决不会从一个两手空空的乡下青年，拳打脚踢几回合，仅仅用五年的时间便挤进了高级服装设计师的行列，在他身上，必定有着不同凡响的独特之处，才能令他迅速发展，令世人一片惊讶。

在工作上，皮尔·卡丹是一位作风严谨、精益求精的人。他非常注重自己的风格，即使在自己成名以后，他也十分珍惜"皮尔·卡丹"这一享誉世界的品牌的名声和形象。

和创造世界名牌的人

一起放飞梦想

Let the dream fly

在一次世界性的服装展示会上，皮尔·卡丹在助手们的带领下来到自己的展厅前。他仔细地观看了展厅的布置，并在展台前与工作人员一一合影留念，然后就一声不响地走了。他走后不到半小时，即派来一位设计师，并带着两套女装与两名模特。设计师告诉展厅的工作人员说卡丹先生对布置不满意，因为没有体现出他的风格和艺术特色，要立即重新布置。皮尔·卡丹的认真严谨可见一斑。

还有一次，皮尔·卡丹随意地走进了一家皮尔·卡丹专卖店。在随意浏览中，目光敏锐的他一眼看出几件女装质量不合格，当即提出要撤掉。店商不理解，问："为什么？不也是皮尔·卡丹的牌子吗？"

"这批女装制作粗糙，存在明显质量问题，也没有体现卡丹风格，可以内部处理。"这句话令店主叫苦连连，高价买进，折价售出，他在经济上自然蒙受损失。不过，皮尔·卡丹可不管这个，他只要保证卖给消费者的每件商品，都不会有损于"皮尔·卡丹"良好的品牌形象。

是的，皮尔·卡丹不容许任何损害品牌形象的事情发生。一次，皮尔·卡丹发现了一块灯箱牌上，上面密密麻麻地塞满了内容：既有手写的"皮尔·卡丹"，又有印刷的"皮尔·卡丹"，两端还附有商标符号。皮尔·卡丹马上摇头，接着又发了一通议论：这不是卡丹的风格，这里体现不出卡丹的特色。太复杂，太零乱。什么是艺术？单纯就是艺术，简洁明快就是艺术，重点突出就是艺术，搞得面面俱到，同时也就丧

失了艺术。什么也不要多写，什么也不要多画，只写上pierre cardin，这就是最好的广告艺术……他是一位真正的艺术大师，可是，能理解他的人有多少呢？

漫步于巴黎的圣·奥诺里大街，当道路即将走到尽头的时候，前方十字路口的左侧出现了一座两面临街的暗绿色的二层小楼，正对十字街口的弧形拐角处，绿墙上有两个白色大字：pierre cardin。这间商店的位置得天独厚，处在十字路口，又在八区奥诺里大街，与总统府爱丽舍宫只有一街之隔，进总统府办事的人们，不论有意无意，都能看见几十米外的绿色楼房和墙壁上的pierre cardin。

虽说世界上有数不清的pierre cardin商场，唯有这间店是卡丹帝国的门面和形象，因为它近水楼台，不仅是将卡丹艺术推向世界的桥头堡，而且是占领市场的第一站。

推门而入，店内陈设简洁明快，洋溢着几分温和与静穆。挂在店内展示的服装不过二十套，相隔不下几米，店内站着三四位打扮十分得体的服务员。几位走动着的顾客，在用心地品位、揣摩，看起来不像是衣物的买主，更像是在高雅圣洁的艺术殿堂里一件件艺术品的欣赏者。的确，这间店的主要作用不是销售，而是展示。皮尔·卡丹每月的新作问世，首先在这里展出，工厂同时组织生产，然后走向世界。

在这个将卡丹艺术推向世界的桥头堡，皮尔·卡丹所追求的自然简单的艺术风格无处不在。这也说明，艺术与事业不一定出自豪华与阔气，简朴淡泊也可以造就和孕育天才。

pierre cardin

第八章　伟大的设计师

皮尔·卡丹

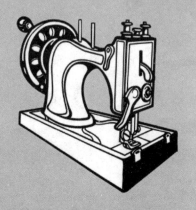

■ 第一节　荣誉之剑

　■ 第二节　开辟中国时装市场

　■ 第三节　红毯铺地

　　■ 第四节　请中国女孩试衣服

　　■ 第五节　灰绿色的小楼

　■ 第六节　皮尔·卡丹的法宝

　■ 第七节　"梦回巴黎"再现辉煌

pierre cardin

第一节　荣誉之剑

名誉能有力地激发欲望。

——格雷厄姆·格林

皮尔·卡丹是一位白手起家，靠自己的勤奋和勇气获得成功的人，他既实干又冒险，是一位真正的征服者。有一次，他对美国《纽约时报》的记者说："我曾说过我像戴高乐一样有名，现在我情愿把他换为你们国家的那位麦当娜。"大师的幽默令记者露出会心的微笑。

在世界服装界乃至在整个人类历史上，皮尔·卡丹都称得上是一位传奇人物。这位令人叹服的世界级大师，既善艺术，又精经济；一只手抓普及，另一只手抓提高。他能将自己的人生境界提升到今天这样的高度，全凭他自己独到的服装设计理念和企业经营方式，他那超人的才能和智慧，以及他坚韧不拔的意志和开拓进取的创新精神，成就了他伟大的人生奇迹。

时至今日，皮尔·卡丹已经不复最辉煌时期的风采，但是在国际服装界仍然有着任何人都无法替代的位置和重要性。对此，他个人的理解是因为他始终不忘创作："一般人在服装大众化的同时，总是忽略了服装创作，损坏了它的艺术价值。而

我正相反：我既让自己的服装大众化，同时又继续保持着我一贯的创造性，所以我不倒。"

皮尔·卡丹在国际服装界的卓越表现，使他在世界文化界、服装界获得了许多荣誉奖章，其中三次获得金顶针奖，这个奖项相当于服装界的奥斯卡，有些设计师穷其一生可能都无法获得一次。尤其令皮尔·卡丹兴奋的是，在70岁高龄的时候，他被提名入选为法兰西艺术学院院士。这位老人喜欢创新的精神并没有随着年龄的增长而消减，在院士授予仪式上，他第一个改变了两百年不变的院士服与院士佩剑的款式，别出心裁地为自己特别设计了一套院士装与佩剑，并穿着它出现在1992年12月2日举行的院士授予仪式上。

在皮尔·卡丹的就职仪式中，德高望重的法兰西艺术学院终身书记马尔赛尔·兰多夫斯基发表了一篇精彩的演说：

"请允许我这样对您说：您生平极不寻常的经历犹如一个童话。

"您依然是一个永远充满想象和计划的年轻人，穿上绿袍，您更是集创造者、艺术家及美和未来计划的实施者于一身，您因此极自然地成了艺术学院的院士。您是传统、现代化和企业精神的和谐统一。

"从青年时代起，您便'被时尚'，也就是说，对适合表达穿着者风貌的物质外表的追求所吸引——服饰既不是边界，也不是防卫，对于您，服饰已经是灵魂的显示，是一种用来向别人交流的礼节的符号。

"您一直试图冲破您以'入道王子'身份穿越其间的各种阶层之间的社会和经济壁垒。

"这理想，我们和您共同分享。正是为了这个理想，为了表彰您如此恢弘的事业，我们怀着热情和友谊于今年2月12日决定接受您为我们的一员，并将我们的学士院向这一当之无愧的艺术形式——我指的是高级时装——开放。我们选择了这门艺术中最出色、最杰出和最慷慨的代表之一，一个伟大的人物，一个手指灵巧如金的人——皮尔·卡丹，欢迎您！"

他还特别强调指出，作为一种时装风格和一个庞大帝国的创造者，皮尔·卡丹完全有资格进入法兰西艺术学院，院士的资格不仅要授予艺术家，那些推动艺术发展、使对艺术作品的欣赏超越狭小的圈子范围而扩大到全社会的人，更应该得到这样的荣誉。

当选为自由院士，对于皮尔·卡丹来说，是对他最好的肯定，也是他的最高荣誉，而他自己设计的那把佩剑，正是他所获得的荣誉的最好象征。这把剑，据说是工人花费500个小时铸成的，象征着他整个生命以及全部事业，对于他来说意义重大。皮尔·卡丹曾经向那些慕名而来的拜访者认真地讲解过这柄剑每一部分的象征意义。他说："整个剑的造型——上段的头、中段的身、下段的裙摆及联想到长腿的刀的部位——表示了我个人所设计高档女子服装的形象。但这把剑所反映的还不只这些，剑柄的顶头，象征缝纫时常用的顶针指套，也代表了我三度所得服装界的金顶针奖；顶针下部刻有两眼的面具，说

明了我的出身地威尼斯的标志。剑柄中段成心形弧状的‘M’字体，有三重意义——既象征我的心，同时也代表了我在世界数个大城市所拥有的数个高级餐馆‘马克西姆’的第一个字母‘M’；此外，还表示了我所设计过两扇高耸如武士盔甲的男装造型（由肩顶的宝石代表盔甲）。剑柄中心的针，象征了缝纫针与针孔下方的线轴及象征剪刀的剑身（实际上由两条细长的不锈钢金属片拼成），都是我靠缝纫起家的道具。”

皮尔·卡丹珍惜这柄剑的理由，人们终于了然：这柄剑代表了他的全部。人们在赞叹的同时，自然而然地想起他在入选院士时所说的一番话：

“过去从来没有人把在布堆中干活的人严肃看待，然而人类史的演进却完全与服装有关，而且服装是唯一能反映时代的重要证据，是历史的回忆要点。”

他进一步阐明：“我对我能得到这项至高的荣誉，无疑是世人已将时装设计者肯定为正统的美术表现形态之一，是对服装设计者最崇高的赞礼。”

第二节　开辟中国时装市场

　　　　　　我与中国的感情是连续而深厚的，如同老朋友那样。

　　　　　　　　　　　　——皮尔·卡丹

　　"卡丹帝国"是一个实力雄厚，跨国界、跨洲界的庞大的国际企业集团，但皮尔·卡丹的成功之梦似乎永无止境。他曾不辞辛苦地环绕地球飞行42圈，不遗余力地在全球拓展他的品牌和商业疆域。除少数几个国家外，世界上几乎所有地方都留下了皮尔·卡丹的足迹。皮尔·卡丹到过的地方之多，工作范围之广，很少有人能及。

　　1976年，皮尔·卡丹应邀参观了巴黎展览会的中国工艺品展览，一幅手工编织的挂毯《万里长城》，顿时令他心驰神往，并产生了强烈的购买欲望。但皮尔·卡丹被告知，这幅挂毯只作展览用，并不出售。皮尔·卡丹当即找到了中国驻巴黎使团，提出购买这幅挂毯的要求。6个月后，这幅按要求先运回国内的长城挂毯几经辗转，终于重返巴黎，并立即被挂到了皮尔·卡丹文化中心的办公室里，一直挂到现在。就是这幅挂毯，让皮尔·卡丹产生了进军中国市场的想法，并开始为之准备。

当时中国人的着装尚未摆脱深蓝灰绿一统天下的局面，皮尔·卡丹进入中国市场的念头不断地被朋友们"泼冷水"。他们告诉皮尔·卡丹："中国没有时装，中国人不会给你一分钱的！"但皮尔·卡丹清楚地看到了中国的市场潜力。他对《环球》杂志记者透露，自己一直有一个梦想，就是到中国去制造、推销纽扣。因为按照皮尔·卡丹的计算，中国人口超过10亿，按一人一年使用30颗纽扣计算，整个国家就需要300亿颗纽扣，这是多么巨大的市场啊！

1978年，皮尔·卡丹冲破了重重阻力，以旅游者的身份第一次来到了中国，并登上了神往已久的长城。在一张流传甚广的照片上我们可以看到，皮尔·卡丹穿着毛料大衣走在北京街头，身前身后满是好奇地打量着他的中国人。尽管无法预知中国未来的情况，但凭着自己最具前瞻性的战略眼光和对中国人民的友好感情，皮尔·卡丹认定一向热爱美好事物的中国人愿意了解时装，也一定会欣赏时装。

1983年，皮尔·卡丹与中方合资在北京崇文门大街开办了马克西姆餐厅。一道对于外部世界来说难以逾越的鸿沟，没过多久就被改革开放的大潮冲破了。在此后的30多年中，皮尔·卡丹来中国30多次，"皮尔·卡丹"成了中国人知道的第一个国际品牌。

皮尔·卡丹的服装生意真正在中国开始，是在他初次来中国的十年之后。

1988年，皮尔·卡丹公司在天津投资建立生产基地，皮尔·卡丹和中国的大宗生意正式开始。此后，他接连在中国开办了一百多家"皮尔·卡丹"专卖店，直接从事"皮尔·卡丹"服装生产的企业达三百多家。

1989年12月，中国第一家"皮尔·卡丹"时装专营店在北京开业，1990年，第二家在广州开业……皮尔·卡丹成为中国最知名的外国品牌，几乎垄断了20世纪90年代中国时装的奢侈品市场。在皮尔·卡丹独步中国多年之后，许多国外品牌才纷纷进入中国市场。

皮尔·卡丹在中国创造了许多个"第一次"：第一次在中国举办服装表演；第一次把中国的模特带到了巴黎；第一次把正宗的法国高档餐厅开到了当时人均月收入只有几十块人民币的北京。皮尔·卡丹说，当初选择在北京开设马克西姆餐厅，是希望提供一个促进两个国家之间交流的窗口。出乎许多人的意料，餐厅能够开设成功，关键还在于他"利用餐厅帮助中法两国人民相识、相知"的构思。北京崇文门的马克西姆餐厅，简直就是巴黎皇家大道的马克西姆餐厅的复制品——二者一模一样。

正是由于皮尔·卡丹的开拓性工作，中国人今天才可以和国外消费者同步消费众多的奢侈品牌。皮尔·卡丹是中国改革开放三十年的见证，他在中国人心中的地位是无法替代的。

在接受各国记者采访时，皮尔·卡丹都强调，自己与中国的感情是连续而深厚的，如同老朋友那样。他说，友善与尊重

是自己一贯的待人准则，而对待中国，他则始终怀着一种"激情"。

第三节　红毯铺地

> 当一个人一心一意做好事情的时候，他最终是必然会成功的。
>
> ——卢梭

世界上有许多名人，可是有些人就连请客买单的钱都没有；当然也有不少腰缠万贯的富翁，可就连左邻右舍都不知道他叫什么名字。名与利，能拥有其中之一已十分艰难，要想"熊掌和鱼"二者兼得，当然是难上加难。

在法国，知名度排在前四位的，是埃菲尔铁塔、前总统戴高乐、时装设计大师皮尔·卡丹和百年老店马克西姆餐厅。数十年来，皮尔·卡丹在国际上获得的荣誉不胜枚举。他曾三次荣膺法国时装界的最高荣誉"金顶针"奖，联合国教科文组织曾授予他名誉大使头衔，法国总统、意大利总统和日本天皇分别向他颁发过勋章。

皮尔·卡丹的骄人成就，试问在世界时装大师中，谁人能比？正因为如此，无论走到哪里，他所受到的礼遇都是高规

166

格、最高级别的。无论他在国外公出还是旅行，几乎都受到国家元首的接见，他走到哪里，哪里就要红毯铺地。

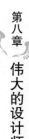

鉴于这种情况，当年这位名扬世界的裁缝来到中国时，如何接待他，有关方面人员颇费了一番心思。在世界其他国家，卡丹受到的是红毯铺地的高规格接待。而在龙的故乡，人们只听说过美术大师、音乐大师，不少人根本不知道世界上还有什么时装大师，他们认为，时装大师大不了也就是位做高档衣服的裁缝。对于这些不一般的高级裁缝，该用什么标准和规格接待呢？这在中国并没有先例。

有关人员请示到外事部门，又到了外交部，部里也无章可循。结果，皮尔·卡丹每次来中国，派什么级别的官员接待都成了难题。后来经过咨询中国驻巴黎大使馆，又请教了一些相关的外国人，才弄清楚皮尔·卡丹在其他国家受到的是什么样的待遇，然后我们也才按照这样的待遇进行接待。

时装表演目前在中国已经很常见了，很多人都知道这是从西方引入到中国的，但是他们不知道，时装表演其实就是皮尔·卡丹带进来的。对这种展示服装的方式，我们已经司空见惯，殊不知，万事开头难，当时社会上还在批判奇装异服，皮尔·卡丹的服装及其模特队不可避免也受到了冷遇。

然而，皮尔·卡丹是极富冒险精神的，任何具有挑战性且大胆的计划一旦在他的头脑中构思成熟后，他会不惜任何代价将其变为现实，先是精心策划，然后付诸实施。当初，他打算开拓中国服饰市场时就有人劝阻他："中国实行共产主义，你

代表资本主义，二者合作是不现实的。"

皮尔·卡丹回答得很痛快："法国人是人，中国人也是人，人民之间没有理由不进行交往，我对中国充满信心。我第一次来中国搞服装展示会时，中国刚刚开放，还处于困难时期，法国驻华大使认为与中国发展外贸关系不可能有前途，但是根据我对中国传统文化的了解，我觉得中法文明有着共通之处，我坚信中国的老百姓一定会喜欢上我设计的服装。"正因为他有着惊人准确的市场眼光，他的皮尔·卡丹服饰终于深入中国百姓心中。并且，皮尔·卡丹专卖店遍地开花。

曾经有很长一段时间，中国的时尚青年都以拥有"皮尔·卡丹"服饰而自豪。"皮尔·卡丹"牌香烟的销路也不亚于天天在电视上做广告的"万宝路"。皮尔·卡丹的诱惑力真是难以抵挡，凡贴上"皮尔·卡丹"商标的商品就畅销，让人不由得怀疑：皮尔·卡丹到底是时装师，还是魔法师？或者二者兼备？否则，"卡丹帝国"从何而来？

在今天看来，皮尔·卡丹这位超级大师之所以能在中国取得如此大的突破，根本原因在于他从不受政治形势和意识形态的束缚，在他看来，商业活动不应与政治搅在一起。1989年，一些法国企业停止了与中国的业务往来，而皮尔·卡丹的态度非常明朗：不介入中国政治，法国人没有理由向中国发号施令。他于1990年11月在北京劳动人民文化宫举办了大型时装展示会。北京又一次为中法艺术同台交流提供了盛大的舞台，而皮尔·卡丹，则是这场交流的重要推动者。

带着对中国的一些偏爱，皮尔·卡丹在深入地了解了这个民族之后，便开始一步步向中国推进，力求多方面与中国合作。

第四节　请中国女孩试衣服

希望总是告诉我们，明天将更美好。

——提布卢斯

皮尔·卡丹是第一位来到中国的欧洲设计师，也是第一个在中国举办服装展示会的世界级大师。

1979年，皮尔·卡丹在中国举办了第一场服装展示会，这是中国有史以来第一个国外品牌的时装展示会。当时，中国的大街小巷，到处飘动着军绿色，来中国推销时装、举办展示会并非易事，但是，皮尔·卡丹做到了。

第二次来到中国时，皮尔·卡丹把不少他珍藏的时装精品也一并带了来。当时，中国服装联合会负责接待他。皮尔·卡丹表示，他想找个中国女孩为模特，试穿一下自己的"宝贝"。他一眼相中了办公室里一位迷人的秘书小姐，于是请她代为试穿。

秘书小姐有些犹豫，因为那些时装固然漂亮，但从尺码上

看似乎并不适合她的身材。皮尔·卡丹这次带来的衣服尺码确实不大，因为第一次来中国旅游时，中国女孩给皮尔·卡丹的感觉是身材普遍娇小，眼前的秘书小姐虽然个头不高，但身形却比较胖。

面对从未见过的漂亮时装，秘书小姐在试与不试之间挣扎，皮尔·卡丹仿佛看穿了女孩的心思，在一旁鼓励她说，没关系，试试吧，不用担心把衣服弄坏。即使服装不合适，我也可以在一天之内把它们修改好。在卡丹不断的鼓励下，秘书小姐终于点头同意了。

当秘书小姐将外衣脱下来的时候，卡丹惊呆了。原来，女秘书的身材非但并不臃肿、肥胖，相反，她非常娇小苗条，只不过她那天一共穿了薄厚不一的八件衣服，把她性感的身材层层包裹了起来。一旦脱下这些臃肿的服装，大家就会发现，她的身材纤细而玲珑。当秘书小姐换上卡丹带来的服装走出来时，仿佛丑小鸭变成了白天鹅，所有人都被她的美丽惊呆了，就连女秘书也对自己的蜕变惊讶不已。

这一次，人们领略了时装的魅力，领略到皮尔·卡丹服装给人带来的巨大变化。毫无疑问，女秘书的试装成为卡丹最直接的广告，甚至已经深深地印在在场每个人的内心深处。

此后，为了实现在中国建立工厂的愿望，卡丹在北京地区进行了调研，还参观了一些纺织厂、丝绸加工厂。很快，卡丹的名望和实力为他在中国开拓市场吸引来了合作伙伴，在他们的帮助下，皮尔·卡丹终于将世界流行时尚融入到了中国社会。

　　在和中国各界人士接触的过程中，皮尔·卡丹始终感觉到，中国人不仅通情达理，而且有接受新鲜事物的强烈愿望，也非常愿意发展、扩大中国的服装进出口业务。了解到这一点，皮尔·卡丹给中国支了一招，那就是，让中国的模特走向国际舞台。

　　卡丹和中国有关方面的官员一起，选拔了一些身材修长高挑、颇具模特潜质的中国女孩，稍加培训，她们走起猫步来就已经有模有样。皮尔·卡丹又把女孩们带到巴黎，进行了更专业的模特培训。当她们走上巴黎的T台时，一张张东方面孔让全场为之惊叹。这次表演一炮打响，不仅媒体争相报道，而且整个世界都开始关注中国的模特，关注从中国走出来的时尚代言人们。

　　后来，皮尔·卡丹又带领这支模特队回到北京，在北京推出了时装秀。那些在北京的外国观众尤为吃惊，他们怎么也想不明白，皮尔·卡丹究竟用了什么方法，能让保守的中国人抛弃原有陈旧的衣着；而中国的年轻人也被眼前这些穿着"奇装异服"的模特惊呆了，在他们的头脑中，第一次产生了对时尚的认识和追求。

第五节　灰绿色的小楼

> 我没有必要摆排场，我本人就是一个大排场。
>
> ——皮尔·卡丹

　　在世界四大时装中心中，巴黎是当仁不让的老大。而在巴黎，许多商店里都有属于皮尔·卡丹的一方天地。但是，要寻找皮尔·卡丹时装艺术的发源地，你只能到奥诺里大街82号，这里，才是名扬世界的"卡丹帝国"的"首府"。

　　"皮尔·卡丹"公司全球总部位于巴黎市区的"心脏"部位。那座看似不起眼的灰绿色小楼，就位置而言，整个法兰西，恐怕再也找不到第二家这样显赫的门牌了——与法国总统府爱丽舍宫的大门相对，两者相隔不过二十米。"皮尔·卡丹"公司总部的左侧，与法国政府"国宾馆"仅一墙之隔。想当年，那个年轻人孤身一人闯进巴黎时，不知曾多少次在爱丽舍宫前流连，可是当时的他绝对想不到，有一天自己会成为享誉世界的时装大师，并且就在爱丽舍宫之侧建立起自己的商业帝国——"皮尔·卡丹"公司全球总部。它和"皮尔·卡丹"公司开设的超市、皮尔·卡丹本人住了几十年的私宅，在总统府对面的三个方向分别矗立着。

绿色小楼有两扇老式大木门，门上留有一个小门，只容单人进出。皮尔·卡丹只要在巴黎，就会每天四次进出这座木门。

说起来，"皮尔·卡丹"公司全球总部更像是大师的私人博物馆，走廊上挂着他在不同时期的画像和照片，以及他获得的各种奖杯，显示着大师走过的岁月和获得的荣誉，令人肃然起敬。在皮尔·卡丹宽大通透的办公室里，只要他在，那么你就随时可以听到他那爽朗的笑声。虽然银发稀疏，但皮尔·卡丹仍坐得端端正正，精神矍铄的他一谈起服装，就充满了抑制不住的热情。

离卡丹总部不远处有一座旧式建筑，这就是皮尔·卡丹的家。一个旧而小的门，总是关得紧紧的。风风雨雨几十载，皮尔·卡丹就是从这道小门进进出出。他经常步行上下班，一次十来分钟，正好做户外活动。房子的主人有两位，一位是皮尔·卡丹本人，另一位是年长他十岁的姐姐。皮尔·卡丹终身未娶，白天，姐姐一个人在家；晚上，皮尔·卡丹回到家中，一边帮老姐姐做家务，一边用故乡威尼斯方言和姐姐聊天，而在他们的谈话中，"童年"是他们永恒的主题。

即便是成名后，皮尔·卡丹也一直过着俭朴的生活。他不注重粉饰门面，不喜欢上电视接受采访，也不热衷于购买无意义的奢侈品，就连头发，他都是自己在家理的。他烟酒不沾，以素食为主，除了喜欢旅行外，他没有太多的嗜好。皮尔·卡

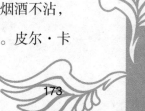

丹曾经不无自豪地说："我没有必要摆排场，我本人就是一个大排场。"

但是，在社会公益慈善事业方面，皮尔·卡丹永远是乐此不疲，一掷千金的。他热衷于支持艺术事业，就像他热爱艺术一样。

1970年，皮尔·卡丹在法国总统府隔壁开办了"卡丹文化中心"，不遗余力地介绍世界各国年轻有为的艺术家。像俄罗斯芭蕾舞艺术大师玛娅·普利斯斯卡娅，如今贵为世界流行乐坛天后的席琳·迪翁、越南画家丹尼尔·尤、中国画家邓林等等，他都免费为他们提供过演出或展览场地、登台的场所，以推广不同民族的多样文化。

对救援艾滋病患者，援助前苏联原子能反应堆爆炸事故中受难的人们，皮尔·卡丹也是又出钱又出力。皮尔·卡丹还发起过拯救威尼斯和长城的拍卖活动，并组织国际力量重修埃及亚历山大灯塔。皮尔·卡丹说，这些都是自己想做、愿意做的事情，做起来当然会全心全意。

第六节　皮尔·卡丹的法宝

只要有一种无穷的自信充满了心灵，再凭着坚强的意志和独立不羁的才智，总有一天会成功的。

——莫泊桑

　　人们羡慕皮尔·卡丹的成功，更想探究他成功的法宝。那么，皮尔·卡丹的成功究竟有没有法宝呢？如果有，又是什么呢？从成名前到成名后的数十年间，皮尔·卡丹一直在废寝忘食地工作着。用他自己的话说，"我同时过着五十个人的生活。工作使我愉快，休息使我烦躁。我从没停止过创新。如果需要设计两年的服装，我就专心致志，全力以赴。没有任何东西、任何人能够使我离开工作间。每天晚上我多次醒来，多次起床。灵感最重要，一有灵感我就赶忙记录在案，免得它倏忽逝去。"可见，对于成功来说，无论你是谁，勤奋都是必不可少的条件。

　　皮尔·卡丹曾经给自己取了一个雅号："热爱世界的冒险家"，而新闻界则称他为"美与艺术的恋人"。其实，将二者结合，称他为"美与艺术的冒险家"更为确切，因为他的成

175

功，确实在一定程度上归功于他那一连串的冒险行为。他总是做他人没有做过的事，不断创新出奇。难怪有人形象地比喻说，皮尔·卡丹就像一只彩色的蜻蜓，他的行踪飘忽不定，宛若蜻蜓点水。他忽而设计服装，忽而经营美食，忽而投资开办娱乐性的文化中心，甚至还搞手表、家具、汽车和飞机的设计。在他的超级帝国里，除了服装商店之外，还有家具店、剧院、画院、展览厅……进军每一个陌生的领域都像是一次冒险，然而幸运的是，他总能在一次又一次的冒险中获得胜利，最终创造了一个神奇的"卡丹帝国"。勇于冒险，敢于开拓，这也是成功者必备的素质。

经过多年的风风雨雨，皮尔·卡丹创造了一个又一个奇迹，然而他对此却并不满足。他就像旋风一样席卷全球：今天巴黎，明天里约热内卢；设计款式，签署合同，导演排练，检查验收。此外，他还要参加各种招待会、宴会，同他打交道的人下至普通百姓，上至国家元首。他说："我仿佛置身于一个快速旋转的磨盘里，欲罢不能。"当皮尔·卡丹在世界各地巡回展示他的作品时，他的名声、他的品牌形象也在那里留了下来。皮尔·卡丹的名字价值近一亿美元，又有谁能和他相比呢？永不疲倦，永不满足，拥有这样进取精神的人，又怎么可能不成功？

当年活跃在皮尔·卡丹身边的那些女模特们，大都已经功成名就，拿着大把的金钱离开了他。她们之中，有的人在影视圈展露风姿，有的人成了企业家，也有雄心勃勃的女强人，在政治舞台上开始了表演。法国圣保罗市曾经有一位女市长，以前就是皮尔·卡丹麾下的一位名模，每当这位女市长在公开场合讲演时，总会提起自己当年的老板皮尔·卡丹对自己的教诲。身边的人来来去去，唯有皮尔·卡丹还在时装这个领域里奋斗、拼搏。正因为具备这样一种专注精神，皮尔·卡丹才能在法国这样一个时装大师辈出的地方获得极高的荣誉，而在遥远的中国，他的知名度曾经比世界上其他任何一位服装设计大师都要高。

但是，什么才是皮尔·卡丹最得力的法宝呢？对此皮尔·卡丹自己的总结是，先通过官方打开市场，然后再把自己的产品介绍进来。皮尔·卡丹每到一处，总是先和国家上层人物接近，首先从政治上引起这个国家的重视。在这一点上，皮尔·卡丹和其他设计师所走的路子完全不同，也没有人能够像他那样，在许多国家受到高规格的礼遇，甚至受到元首级别的接见。

也许有人认为，皮尔·卡丹只注重走上层路线，可能根本不重视产品的质量。其实并非如此，质量是商品的生命，他非常清楚地知道这一点，只不过，在他的产品打入市场之前，他更注重政府的影响力和新闻的宣传效应。因为只有借助这二者的力量，在他的产品还没有进入市场之前，他的品牌就已经先扎下了根。对于消费者来说，人们通常都喜欢购买早已闻名的商品，而不会去买一件时装，用亲身实践去验证它是否物超所值。这是皮尔·卡丹常用的法宝。

第七节 "梦回巴黎"再现辉煌

成功的人，都有浩然的气概，他们都是大胆的、勇敢的。在他们的字典上，没有"惧怕"两个字，他们自信他们的能力是能够干一切事业的，他们自认他们是很有价值的人。

——戴尔·卡耐基

20世纪70年代后，皮尔·卡丹的设计基本上延续了60年代的风格，除了70年代末，他从中国宫殿的飞檐上得到灵感，设计出的一系列宽翘肩膀的男装款式比较突出外，他似乎不如先前那么声名显赫了。奋斗了数十载，皮尔·卡丹从艺术巅峰上退了下来，但是，他的盛名仍然在世界各地广为传播。每年，皮尔·卡丹都要办几场时装表演，展示他几十年来设计的女装。各式各样的时装模特手执标明不同年代的卡牌，穿着皮尔·卡丹各个时期的作品依次亮相。令人惊讶的是，虽然时光流逝，但人们仍然感到皮尔·卡丹的时装那么新鲜、年轻，富有生命力，仿佛是昨天才设计出来的。

1994年—1995年冬春之交，法国巴黎，这个古老而又文明的时装之都又迎来了它的一大盛事——法国高级时装展示会。它不仅是世界各国服装设计大师们展示自己作品的好机会，也是进行服装生意的好场所。由来已久的展示会，此次更是规模空前，汇聚了来自近四十个国家的服装大师们。他们的服装将形成下一年甚至更久的服装流行趋势，影响之大，可谓世人皆知。

此次博览会的展览部分不同于往届的一个显著特点就是，来自世界各地的品牌数量增长迅猛。除主动要求参展的品牌外，组委会还特别邀请了十家著名品牌前来助阵。专场表演当然是不可或缺的例行项目，除此之外，组委会还费尽苦心地将专家集中起来，希望通过不同品牌的对照发现优势和缺陷，寻找一条世界时装的发展之路。

以"梦回巴黎"为主题的皮尔·卡丹专场一开始就大出风头。当一群模特身着皮尔·卡丹设计的一套套连衣裙、套裙走上T型台时，不仅在场的观众报以热烈的掌声，所有在座的时装设计师也叹为观止，他们不得不承认，皮尔·卡丹宝刀未老，不仅他的创作灵感没有枯竭，而且在艺术表现上更加炉火纯青。通过这次回顾和总结，皮尔·卡丹再一次登上了他艺术生涯的顶峰。

这次展示会共展示了三百多套、几十种颜色的上百款时装，反映了当时高档服装的最新潮流。

一款摩登舞裙，款式新颖，别具一格，皮尔·卡丹把裙摆上提，距离地面约二十至三十公分，不仅令舞者行动更加自

如，也方便观众欣赏她精湛的技艺。舞裙的肩、臂部保持了晚礼服的风格，突出展示女性的脊椎、背部线条。在舞裙肩、臂部的装饰上，不同款式的飘带大胆夸张地展示出舞者飘逸的美感。舞裙的上身配以花朵、亮片、亮珠等饰物，更显华贵。裙摆共有六层左右。最外层面料用精纺乔其纱，摆度为720°。内五层为高弹尼龙，弹性好，扩张力强，摆度是外层的一半，令整个舞裙显得更加蓬松、轻盈。裙摆底部还缝饰着火鸡毛、鸵鸟毛等动物羽毛。裙摆在模特儿随着音乐而舞动时，显得一派雍容典雅，风情万种。

皮尔·卡丹成了这次展示会上最引人注目的人物，世界各大报纸纷纷报道，皮尔·卡丹又一次征服了世界。而皮尔·卡丹则平淡地表示："我只不过想通过这次展览告诉大家，我不仅还在，而且依然可以设计出别具一格的服装。"他还一再强调，生命不息，工作不止。他说："没有什么事情会令我烦恼，我已经在工作中找到了平衡。"

如今，皮尔·卡丹集商人、法兰西艺术学院院士和联合国教科文组织名誉大使等诸多头衔于一身，但皮尔·卡丹说，他对自己的"第一定位"仍是时装设计师，这份工作是他一生的迷恋。虽然他早已由巴黎"最年轻"的时装设计师变成了"最老"的时装设计师，但他为此感到荣幸。他对自己过去的经历充满了自豪，因为不论在创作上、金钱上还是名气上，这份工作都给了他很大的满足感，他没有任何遗憾。